L'Acte de l'UE sur l'IA Expliqué

Dr Alex Bugeja, PhD

Table des matières

Introduction

L'intelligence artificielle - c'est un terme que nous entendons partout de nos jours. Elle est dans nos téléphones, nos voitures, nos maisons, et de plus en plus, elle prend des décisions qui impactent nos vies. De la suggestion de la prochaine chanson que vous pourriez apprécier à l'aide aux médecins pour diagnostiquer des maladies, l'IA change rapidement le monde qui nous entoure. Mais avec ce pouvoir incroyable vient une grande responsabilité. Comment nous assurer que l'IA est utilisée de manière éthique, équitable et sûre ? C'est là qu'intervient la Loi sur l'IA de l'UE.

L'Union européenne, connue pour sa position ferme sur la protection des droits de ses citoyens, a adopté une approche proactive pour réglementer l'IA. La Loi sur l'IA de l'UE est une législation révolutionnaire visant à garantir que les systèmes d'IA utilisés au sein de l'UE sont dignes de confiance et respectent les droits fondamentaux. C'est une législation complexe, mais son message central est simple : l'IA doit servir l'humanité, et non l'inverse.

Ce livre est votre guide pour comprendre la Loi sur l'IA de l'UE. Nous allons décortiquer le jargon juridique en langage clair, en explorant les concepts clés, les exigences et les implications de la Loi. Que vous soyez un développeur d'IA, un propriétaire d'entreprise envisageant d'utiliser l'IA, ou simplement un citoyen curieux de savoir comment cette technologie est réglementée, ce livre vous fournira les connaissances nécessaires.

Nous commencerons par examiner le but et la portée de la Loi, en comprenant quels systèmes d'IA elle couvre et les différents niveaux de risque qu'ils posent. Nous plongerons ensuite dans les principes fondamentaux de la Loi, y compris l'interdiction des pratiques d'IA inacceptables qui menacent les droits fondamentaux. Nous explorerons les exigences spécifiques pour les systèmes d'IA à haut risque, tels que ceux utilisés dans les soins de santé, l'application de la loi et les infrastructures critiques. Vous apprendrez l'importance de la qualité des données, de la transparence, de la supervision humaine et des mesures de cybersécurité robustes.

Nous examinerons également les rôles et responsabilités des différents acteurs de la chaîne de valeur de l'IA, des fournisseurs développant des systèmes d'IA aux déployeurs les mettant en œuvre dans des scénarios du monde réel. Nous examinerons les procédures d'évaluation de la conformité, y compris le rôle des organismes notifiés, et comment le marquage CE garantira que les systèmes d'IA à haut risque répondent aux normes de la Loi.

Tout au long du livre, nous utiliserons des exemples pratiques et des études de cas pour illustrer l'application de la Loi dans divers secteurs. Nous discuterons également de l'impact de la Loi sur l'innovation, en explorant comment les bacs à sable réglementaires et les tests en conditions réelles peuvent favoriser le développement d'une IA digne de confiance tout en assurant la sécurité et la conformité.

La Loi sur l'IA de l'UE n'est pas seulement un ensemble de règles ; c'est une vision pour un avenir où l'IA bénéficie à nous tous. En comprenant la Loi et en participant à sa mise en œuvre, nous pouvons contribuer à façonner cet avenir et garantir que l'IA reste une force positive dans le monde.

Avertissement

CHAPITRE UN : L'objectif et le champ d'application de la loi IA de l'UE

La loi IA de l'UE est comme un ensemble de directives sur la manière dont l'intelligence artificielle devrait être utilisée au sein de l'Union européenne. Imaginez-la comme un livre de règles pour un jeu, garantissant que tout le monde joue de manière équitable et que personne ne soit blessé. Le principal objectif de la loi est de s'assurer que l'IA profite aux personnes et ne devienne pas quelque chose qui les contrôle ou leur nuise.

Il ne s'agit pas d'arrêter le développement de l'IA. L'IA a le potentiel de faire beaucoup de bien, comme améliorer les soins de santé, rendre nos villes plus efficaces et même lutter contre le changement climatique. L'UE souhaite encourager ces types d'utilisations positives de l'IA. La loi est conçue pour instaurer la confiance dans l'IA, en encourageant son développement et son adoption, mais de manière responsable.

Alors, comment fonctionne la loi ? Elle établit des règles spécifiques pour différents types de systèmes d'IA, en fonction du niveau de risque qu'ils présentent. Pensez-y comme différentes réglementations de sécurité pour différents types de véhicules. Une bicyclette a besoin de moins de règles qu'une voiture, et une voiture a besoin de moins de règles qu'un avion de ligne. De même, un système d'IA qui recommande des films n'a pas besoin du même niveau de scrutin qu'un système qui diagnostique des conditions médicales.

La loi s'applique à toute personne qui met des systèmes d'IA sur le marché dans l'UE, qu'elle soit basée dans l'UE ou dans un autre pays. Elle s'applique également aux entreprises utilisant des systèmes d'IA au sein de l'UE, même si ces systèmes ont été développés ailleurs. Cela garantit un terrain de jeu équitable, empêchant les entreprises de contourner les règles en opérant depuis l'extérieur de l'UE.

L'un des aspects importants de la loi est son accent sur les droits fondamentaux. L'UE accorde une grande importance à la protection des droits de ses citoyens, tels que le droit à la vie privée, la non-discrimination et le traitement équitable. La loi interdit les pratiques d'IA qui pourraient violer ces droits, comme l'utilisation de l'IA pour le scoring social ou pour manipuler le comportement des personnes.

La loi n'est pas limitée à des secteurs spécifiques. Elle couvre les systèmes d'IA utilisés dans une large gamme d'applications, de la santé et l'éducation à l'application de la loi et aux transports. Cela garantit une approche cohérente de la réglementation de l'IA, quel que soit le contexte dans lequel elle est utilisée.

Bien que la loi se concentre principalement sur les systèmes d'IA à haut risque, elle comprend également des dispositions pour d'autres types de systèmes d'IA, telles que les exigences de transparence pour les systèmes qui interagissent avec les personnes. Cela garantit que même les systèmes d'IA à faible risque sont utilisés de manière à respecter les droits des personnes et à instaurer la confiance.

La loi IA de l'UE représente une étape audacieuse vers la réglementation de l'IA de manière à promouvoir à la fois l'innovation et les droits fondamentaux. En comprenant son objectif et son champ d'application, nous pouvons mieux apprécier comment elle façonnera l'avenir de l'IA en Europe et au-delà.

CHAPITRE DEUX : Comprendre les systèmes d'IA et leurs risques

Avant de plonger dans les spécificités de la loi européenne sur l'IA, il est utile de faire un pas en arrière et de comprendre ce que nous entendons par "systèmes d'IA" et pourquoi ils peuvent poser des risques en premier lieu. Le terme "Intelligence Artificielle" peut sembler un peu intimidant, comme quelque chose sorti d'un film de science-fiction, mais au cœur, il fait référence à des systèmes capables d'effectuer des tâches qui nécessitent généralement une intelligence humaine. Ces tâches peuvent aller de choses simples, comme reconnaître des motifs dans les données, à des activités plus complexes, comme conduire une voiture ou traduire des langues.

La loi européenne sur l'IA ne fournit pas une définition unique et définitive d'un système d'IA. Au lieu de cela, elle décrit certaines caractéristiques clés qui nous aident à distinguer ces systèmes des logiciels traditionnels. Examinons ces caractéristiques et voyons ce qu'elles nous apprennent sur le fonctionnement des systèmes d'IA.

Premièrement, les systèmes d'IA sont "basés sur des machines", ce qui signifie qu'ils fonctionnent sur des ordinateurs ou d'autres machines. Cela peut sembler évident, mais il est important de se rappeler que l'IA n'est pas qu'un concept abstrait—c'est une technologie qui repose sur une infrastructure physique. Cela a des implications sur la manière dont nous régulons l'IA, car nous devons considérer non seulement les algorithmes eux-mêmes, mais aussi le matériel et les logiciels sur lesquels ils fonctionnent.

Deuxièmement, les systèmes d'IA sont conçus pour fonctionner avec "différents niveaux d'autonomie". Cela signifie qu'ils peuvent fonctionner avec différents degrés d'intervention humaine. Certains systèmes d'IA, comme les filtres anti-spam simples, fonctionnent presque entièrement de manière autonome, prenant des décisions sans intervention humaine. D'autres, comme les voitures autonomes, nécessitent plus de supervision humaine, avec un conducteur humain prêt à prendre le contrôle si nécessaire. Ce niveau variable d'autonomie est l'une des raisons pour lesquelles les systèmes d'IA peuvent poser différents niveaux de risque, car un système hautement autonome pourrait potentiellement causer plus de dommages s'il dysfonctionne.

Troisièmement, les systèmes d'IA peuvent "faire preuve d'adaptabilité après le déploiement". Cela signifie qu'ils peuvent apprendre et changer leur comportement au fil du temps en fonction des données qu'ils rencontrent. Cette capacité d'apprentissage est l'un des aspects les plus puissants de l'IA, permettant aux systèmes d'améliorer leurs performances et de devenir plus efficaces. Cependant, cela signifie également que les systèmes d'IA peuvent évoluer de manières que leurs développeurs n'avaient pas anticipées, potentiellement conduisant à des risques imprévus.

Enfin, et peut-être le plus important, les systèmes d'IA "déduisent, à partir des entrées qu'ils reçoivent, comment générer des sorties telles que des prédictions, du contenu, des recommandations ou des décisions". Cette capacité de déduction est ce qui distingue vraiment les systèmes d'IA des logiciels traditionnels. Au lieu de simplement suivre des règles préprogrammées, les systèmes d'IA peuvent analyser des données et tirer des conclusions, leur permettant de faire des prédictions, de créer du contenu, d'offrir des recommandations ou même de prendre des décisions.

Cette capacité à déduire est à la fois la puissance et le potentiel danger de l'IA. Elle permet aux systèmes d'IA d'effectuer des tâches autrefois considérées comme exclusivement humaines, mais elle signifie également que ces systèmes peuvent faire des erreurs ou se comporter de manière que nous ne comprenons pas entièrement.

Maintenant que nous avons une meilleure compréhension de ce que sont les systèmes d'IA et de leur fonctionnement, considérons pourquoi ils peuvent poser des risques. Les risques associés aux systèmes d'IA peuvent être regroupés en quelques grandes catégories :

Harm to Individuals: AI systems can make mistakes that harm individuals. For example, a self-driving car could malfunction and cause an accident, or a facial recognition system could misidentify someone, leading to false accusations or even wrongful arrest.

Discrimination et biais : Les systèmes d'IA peuvent apprendre et perpétuer des biais sociaux. Par exemple, un système formé sur des données biaisées pourrait discriminer certains groupes de personnes, comme leur refuser des prêts ou rejeter injustement leurs candidatures à un emploi.

Manque de transparence : De nombreux systèmes d'IA fonctionnent comme des "boîtes noires", rendant difficile la compréhension de la manière dont ils parviennent à leurs conclusions. Ce manque de transparence peut rendre difficile la responsabilisation des systèmes d'IA pour leurs actions et peut éroder la confiance dans leurs décisions.

Perte de contrôle : À mesure que les systèmes d'IA deviennent plus puissants et autonomes, il existe un risque que nous perdions le contrôle sur eux. Cela pourrait conduire à des situations où les systèmes d'IA prennent des décisions préjudiciables aux humains ou agissent de manières qui entrent en conflit avec nos valeurs.

Perturbation sociale et économique : L'IA automatise déjà des emplois et devrait avoir un impact significatif sur le marché du travail dans les années à venir. Cela pourrait conduire à une inégalité économique et à des troubles sociaux si cela n'est pas géré avec soin.

La loi européenne sur l'IA est conçue pour aborder ces risques et garantir que l'IA est utilisée de manière responsable et éthique. Elle le fait en établissant des exigences spécifiques pour les systèmes d'IA à haut risque, comme ceux utilisés dans les soins de santé, l'application de la loi et les infrastructures critiques. Elle inclut également des dispositions pour promouvoir la transparence, garantir la supervision humaine et traiter la discrimination et les biais.

En comprenant les risques associés à l'IA, nous pouvons apprécier l'importance de la régulation et la nécessité d'un cadre comme la loi européenne sur l'IA pour guider son développement et son déploiement.

CHAPITRE TROIS : Pratiques d'IA Interdites : Protéger les Valeurs Fondamentales

L'Acte européen sur l'IA ne se contente pas de réguler la manière dont les systèmes d'IA sont construits et déployés ; il s'agit également de sauvegarder les valeurs fondamentales. Il trace une ligne claire dans le sable, interdisant les pratiques d'IA jugées inacceptables car elles menacent les principes fondamentaux sur lesquels l'UE est fondée. Ces pratiques interdites reflètent l'engagement de l'UE à protéger la dignité humaine, l'autonomie et les droits fondamentaux. Examinons de plus près chacune de ces pratiques et comprenons pourquoi elles ont été mises hors la loi.

Manipulation Activée par l'IA : Saper l'Autonomie Humaine

Imaginez un monde où les systèmes d'IA peuvent subtilement manipuler votre comportement, vous poussant à prendre des décisions que vous ne prendriez pas autrement. Cela peut sembler être un scénario de science-fiction dystopique, mais le potentiel de manipulation activée par l'IA est bien réel. L'Acte interdit spécifiquement les systèmes d'IA qui emploient des "techniques subliminales" ou des "techniques trompeuses" avec pour objectif ou effet de "déformer matériellement le comportement d'une personne".

Ces techniques manipulatrices peuvent fonctionner de manières qui contournent notre conscience. Elles peuvent exploiter nos vulnérabilités, jouer sur nos émotions, nos biais et nos raccourcis cognitifs pour influencer nos choix. Par exemple, un système publicitaire alimenté par l'IA pourrait utiliser des techniques de ciblage et de personnalisation sophistiquées pour vous montrer des publicités soigneusement conçues pour déclencher des réponses émotionnelles spécifiques, même si vous n'êtes pas consciemment au courant de leur intention manipulatrice.

L'Acte reconnaît que ce type de manipulation sape l'autonomie humaine. Il interfère avec notre capacité à prendre des décisions libres et éclairées, nous transformant en marionnettes contrôlées par des algorithmes plutôt qu'en agents agissant de notre propre gré. Les dommages potentiels d'une telle manipulation sont significatifs. Cela peut conduire à des pertes financières, à une détresse psychologique et même à des dommages physiques si les personnes sont manipulées pour entreprendre des actions dangereuses ou préjudiciables à leur bien-être.

L'interdiction par l'Acte des pratiques manipulatrices de l'IA est une sauvegarde cruciale pour l'autonomie humaine à l'ère de l'IA. Elle garantit que nous restons maîtres de nos propres décisions, même lorsque nous interagissons avec des systèmes d'IA de plus en plus sophistiqués.

Exploitation des Vulnérabilités : Cibler les Personnes Vulnérables

Tout le monde n'est pas également susceptible de manipulation activée par l'IA. Certains groupes, comme les enfants, les personnes handicapées ou celles en situation socioéconomique vulnérable, peuvent être plus susceptibles d'exploitation en raison de leur âge, de leurs capacités cognitives ou de leur manque d'accès à l'information. L'Acte interdit spécifiquement les systèmes d'IA qui "exploitent l'une des vulnérabilités d'une personne physique ou d'un groupe spécifique de personnes en raison de leur âge, de leur handicap ou d'une situation sociale ou économique spécifique".

Cette interdiction reconnaît que les systèmes d'IA peuvent être utilisés pour s'attaquer aux membres les plus vulnérables de la société. Par exemple, un système de demande de prêt alimenté par l'IA pourrait cibler injustement les personnes ayant de faibles scores de crédit, leur offrant des prêts prédateurs à taux d'intérêt élevés qu'elles sont peu susceptibles de pouvoir rembourser. De même, une plateforme de médias sociaux alimentée par l'IA pourrait exploiter le manque de littératie numérique des enfants, les manipulant pour qu'ils partagent des informations personnelles ou s'engagent dans des comportements en ligne risqués.

L'interdiction par l'Acte d'exploiter les vulnérabilités est une déclaration puissante de l'engagement de l'UE à protéger les membres les plus vulnérables de la société. Elle garantit que les systèmes d'IA sont utilisés de manière équitable et équitable, les empêchant d'être utilisés contre ceux qui sont les moins capables de se défendre.

Notation Sociale : Classement et Évaluation des Citoyens

Imaginez un monde où chacun de vos mouvements est suivi, analysé et utilisé pour vous attribuer un "score social" qui détermine votre accès aux opportunités, services et même droits fondamentaux. Cela peut sembler être une scène d'un roman dystopique, mais la pratique de la notation sociale, déjà mise en œuvre dans certains pays, est un exemple glaçant de la manière dont l'IA peut être utilisée pour exercer un contrôle social.

L'Acte interdit spécifiquement les systèmes d'IA qui évaluent ou classent les personnes "sur la base de leur comportement social ou de leurs caractéristiques personnelles ou de personnalité connues, inférées ou prédites" lorsque cette notation sociale conduit à un "traitement préjudiciable ou défavorable" qui est sans rapport avec le contexte dans lequel les données ont été initialement collectées ou est "injustifié ou disproportionné par rapport à leur comportement social ou à sa gravité".

Les systèmes de notation sociale peuvent être extrêmement intrusifs, collectant d'énormes quantités de données sur nos activités en ligne et hors ligne. Ces données peuvent ensuite être utilisées pour créer des profils détaillés qui nous catégorisent en fonction de notre fiabilité perçue, de notre statut social ou même de nos penchants politiques. Ce type de catégorisation peut avoir des conséquences graves, conduisant à la discrimination, à l'exclusion sociale et même au déni de droits fondamentaux.

Par exemple, un système de notation sociale pourrait être utilisé pour déterminer l'éligibilité au logement, aux prêts ou même à l'emploi. Ceux qui ont des scores bas pourraient se voir refuser l'accès à ces opportunités, même s'ils n'ont aucun antécédent de méfait. Cela peut créer une société à deux vitesses où ceux qui ont des scores élevés jouissent de privilèges tandis que ceux qui ont des scores bas font face à un désavantage systématique.

L'interdiction par l'Acte de la notation sociale est une étape cruciale pour empêcher l'émergence d'un État de surveillance alimenté par l'IA. Elle garantit que nous sommes jugés sur la base de nos actions individuelles plutôt que sur des algorithmes opaques qui nous attribuent des scores arbitraires.

Policing Prédictif : Préjuger les Individus sur la Base de Profils

L'idée d'utiliser l'IA pour prédire le crime peut sembler attrayante, mais elle soulève de sérieuses préoccupations concernant les droits fondamentaux, en particulier la présomption d'innocence. L'Acte interdit l'utilisation de systèmes d'IA pour "faire des évaluations de risque de personnes physiques afin d'évaluer ou de prédire le risque qu'une personne physique commette une infraction pénale" sur la seule base du profilage ou de l'évaluation de leurs traits et caractéristiques de personnalité.

Les systèmes de policing prédictif s'appuient souvent sur des données historiques de criminalité, qui peuvent être biaisées et refléter les inégalités sociales existantes. Ces systèmes peuvent finir par cibler certains quartiers ou groupes démographiques, renforçant les préjugés existants et conduisant à des résultats discriminatoires. Par exemple, un système formé sur des données montrant un taux de criminalité plus élevé dans certains quartiers pourrait prédire une probabilité plus élevée de criminalité dans ces zones, même si les raisons sous-jacentes du taux de criminalité plus élevé sont liées à des facteurs socioéconomiques plutôt qu'à la criminalité inhérente des résidents.

Cela peut conduire à un cercle vicieux où ceux qui sont déjà marginalisés sont soumis à une surveillance et à un contrôle accrus, renforçant encore les inégalités existantes. L'interdiction par l'Acte du policing prédictif garantit que nous ne sommes pas préjugés sur la base de nos profils ou des actions d'autres personnes dans nos communautés. Elle maintient le principe de responsabilité individuelle, garantissant que nous sommes jugés sur la base de nos propres actions plutôt que sur des prédictions algorithmiques.

Reconnaissance Faciale Non Ciblée : Alimenter la Surveillance de Masse

La technologie de reconnaissance faciale devient de plus en plus omniprésente, soulevant des préoccupations concernant la vie privée et le potentiel de surveillance de masse. L'Acte interdit l'utilisation de systèmes d'IA qui "créent ou étendent des bases de données de reconnaissance faciale par le raclage non ciblé d'images faciales sur Internet ou des images de vidéosurveillance".

Cette interdiction aborde la pratique de collecter d'énormes quantités de données faciales sans le consentement ou la connaissance des personnes. Ces données peuvent ensuite être utilisées pour identifier et suivre les individus, même dans les espaces publics. Cela peut avoir un effet dissuasif sur la liberté d'expression et de réunion, car les personnes peuvent être réticentes à s'engager dans des activités qui pourraient être surveillées et enregistrées.

L'interdiction par l'Acte de la reconnaissance faciale non ciblée est une sauvegarde cruciale pour la vie privée à l'ère de l'IA. Elle garantit que nos visages ne sont pas traités comme de simples points de données à collecter et analyser sans notre consentement. Elle maintient notre droit de nous déplacer librement dans les espaces publics sans être soumis à une surveillance constante.

Reconnaissance des Émotions : Juger les États Internes sur la Base d'Indices Externes

L'idée d'utiliser l'IA pour lire les émotions des gens peut sembler sortir d'un film de science-fiction, mais les systèmes de reconnaissance des émotions sont déjà déployés dans divers contextes, soulevant des préoccupations concernant leur exactitude et le potentiel d'abus. L'Acte interdit l'utilisation de systèmes d'IA "pour inférer les émotions d'une personne physique dans les domaines du lieu de travail et des institutions éducatives" sauf lorsque le système est destiné à des raisons médicales ou de sécurité.

Les systèmes de reconnaissance des émotions tentent de déduire l'état émotionnel d'une personne sur la base d'expressions faciales, de langage corporel et d'autres indices externes. Le problème est que les émotions sont complexes et subjectives, et leur expression varie largement selon les cultures et les individus. La base scientifique de la reconnaissance des émotions est discutable, et ces systèmes sont sujets à des erreurs et à des biais.

Sur le lieu de travail, les systèmes de reconnaissance des émotions pourraient être utilisés pour surveiller les états émotionnels des employés, potentiellement conduisant à un traitement injuste ou à une discrimination. Par exemple, un employeur pourrait utiliser un tel système pour identifier les employés qui semblent "désengagés" ou "malheureux" et ensuite prendre des mesures disciplinaires contre eux. Dans les contextes éducatifs, les systèmes de reconnaissance des émotions pourraient être utilisés pour suivre les niveaux d'attention des étudiants, potentiellement conduisant à une surveillance intrusive et à la stigmatisation des étudiants qui ne se conforment pas aux expressions émotionnelles attendues.

L'interdiction par l'Acte de la reconnaissance des émotions sur le lieu de travail et dans les institutions éducatives nous protège d'être jugés sur la base d'évaluations inexactes ou biaisées de nos états émotionnels internes. Elle garantit que nos émotions ne sont pas traitées comme des points de données à surveiller et à contrôler.

Catégorisation Biométrique : Profilage sur la Base d'Attributs Sensibles

Les données biométriques, telles que les images faciales et les empreintes digitales, peuvent être extrêmement sensibles, révélant des informations sur nos identités et même nos prédispositions génétiques. L'Acte interdit l'utilisation de "systèmes de catégorisation biométrique qui catégorisent individuellement les personnes physiques sur la base de leurs données biométriques pour déduire ou inférer leur race, leurs opinions politiques, leur appartenance syndicale, leurs croyances religieuses ou philosophiques, leur vie sexuelle ou leur orientation sexuelle".

Cette interdiction aborde la pratique d'utiliser des données biométriques pour créer des profils qui catégorisent les personnes sur la base d'attributs sensibles. Ce type de profilage peut conduire à la discrimination, à l'exclusion sociale et même à la persécution. Par exemple, un gouvernement pourrait utiliser un système de catégorisation biométrique pour identifier et cibler des individus sur la base de leur ethnicité ou de leurs croyances religieuses, violant leurs droits fondamentaux.

L'interdiction par l'Acte de la catégorisation biométrique sur la base d'attributs sensibles est une sauvegarde cruciale pour l'égalité et la non-discrimination. Elle garantit que nos données biométriques ne sont pas utilisées pour créer des profils qui pourraient être utilisés pour nous nuire ou violer nos droits fondamentaux.

Identification Biométrique à Distance en Temps Réel : Limiter la Surveillance Intrusive

L'utilisation de systèmes d'identification biométrique à distance en temps réel, en particulier dans les espaces publics, soulève des préoccupations profondes concernant la vie privée, la liberté de mouvement et le potentiel de surveillance de masse. L'Acte interdit l'utilisation de ces systèmes à des fins de maintien de l'ordre, sauf dans quelques exceptions étroites où leur utilisation est strictement nécessaire et proportionnée.

Ces exceptions incluent des situations telles que la recherche de victimes spécifiques d'enlèvement, de traite ou d'exploitation sexuelle ; la prévention d'une menace imminente pour la vie ou d'un attentat terroriste ; et la localisation ou l'identification d'une personne soupçonnée d'avoir commis une infraction pénale grave.

Même dans ces cas exceptionnels, l'Acte impose des garanties strictes. Chaque utilisation d'un système d'identification biométrique à distance en temps réel doit être soumise à une autorisation préalable par une autorité judiciaire ou administrative indépendante, garantissant que leur déploiement est limité à des situations spécifiques et ciblées où il y a un intérêt public impérieux.

L'interdiction par l'Acte de l'identification biométrique à distance en temps réel est une étape marquante vers la protection de la vie privée et des droits fondamentaux à l'ère de l'IA. Elle envoie un message clair que l'UE ne tolérera pas l'utilisation de l'IA pour une surveillance indiscriminée ou la création d'une société où chacun de nos mouvements est suivi et surveillé.

Ces interdictions ne sont pas seulement des principes juridiques abstraits ; ce sont des mesures concrètes qui auront un impact réel sur le développement et le déploiement de l'IA dans l'UE. Elles établissent un cadre éthique clair pour l'IA, garantissant qu'elle est utilisée de manière à respecter les droits fondamentaux et à servir les intérêts de l'humanité.

CHAPITRE QUATRE : Systèmes d'IA à haut risque : garantir la sécurité et la confiance

Dans le chapitre précédent, nous avons exploré les interdictions strictes de l'Acte sur l'IA de l'UE concernant certaines pratiques d'IA qui menacent les valeurs fondamentales. Ces interdictions établissent une ligne de base éthique claire, garantissant que l'IA n'est pas utilisée de manière intrinsèquement nuisible ou inacceptable. Cependant, l'Acte reconnaît que tous les systèmes d'IA ne présentent pas le même niveau de risque. Certains systèmes, en raison de leur utilisation prévue et de leur impact potentiel, nécessitent un niveau de scrutin et de réglementation plus élevé. Ce sont ce que l'Acte désigne comme des "systèmes d'IA à haut risque".

Les systèmes d'IA à haut risque sont ceux qui ont le potentiel d'impacter significativement la vie des gens, souvent dans des domaines où la sécurité, l'équité et les droits fondamentaux sont primordiaux. Ces systèmes ne sont pas intrinsèquement mauvais ; en fait, ils peuvent avoir des bénéfices considérables dans des domaines comme les soins de santé, les transports et l'application de la loi. Cependant, leur impact potentiel signifie que nous devons être extrêmement prudents pour garantir qu'ils sont conçus, développés et déployés de manière responsable.

Pensez-y de cette manière : un marteau est un outil utile, mais il peut aussi être dangereux s'il est mal utilisé. Vous ne voudriez pas que quelqu'un utilise un marteau pour effectuer une chirurgie du cerveau ou pour construire un pont sans formation et précautions de sécurité adéquates. De même, les systèmes d'IA à haut risque nécessitent une attention particulière pour garantir qu'ils sont utilisés en toute sécurité et de manière éthique.

L'Acte sur l'IA de l'UE adopte une approche basée sur le risque pour réglementer l'IA. Cela signifie que le niveau de réglementation est adapté au niveau de risque posé par le système d'IA. Les systèmes d'IA à haut risque sont soumis à un ensemble d'exigences obligatoires qui vont au-delà des interdictions générales décrites dans le chapitre précédent. Ces exigences visent à garantir que les systèmes d'IA à haut risque répondent à des normes élevées de sécurité, de fiabilité et de fiabilité.

L'Acte classe les systèmes d'IA comme à haut risque sur la base de deux principaux critères :

1. **Utilisation prévue :** L'Acte identifie des domaines spécifiques où les systèmes d'IA sont considérés comme à haut risque en raison de leur impact potentiel. Ces domaines incluent les infrastructures critiques, les soins de santé, l'éducation, l'emploi, l'application de la loi, la migration, l'asile et le contrôle des frontières, ainsi que l'administration de la justice et des processus démocratiques.

2. **Potentiel de nuisance :** Même au sein de ces domaines à haut risque, tous les systèmes d'IA ne sont pas égaux. L'Acte reconnaît que certains systèmes, en raison de leur fonctionnalité spécifique et du contexte dans lequel ils sont utilisés, peuvent présenter un risque plus élevé que d'autres. La gravité du dommage potentiel et la probabilité de son occurrence sont prises en compte lors de l'évaluation de la classification d'un système en tant que système à haut risque.

Examinons quelques exemples de systèmes d'IA à haut risque dans divers secteurs pour mieux comprendre comment les critères de classification de l'Acte fonctionnent en pratique :

Soins de santé

Dans le domaine de la santé, les systèmes d'IA sont de plus en plus utilisés pour des tâches telles que le diagnostic de maladies, la recommandation de traitements et la prédiction des résultats des patients. Ces systèmes ont le potentiel de révolutionner les soins de santé, en améliorant la précision des diagnostics, en personnalisant les plans de traitement et même en développant de nouveaux remèdes. Cependant, ils comportent également des risques significatifs. Un mauvais diagnostic par un système d'IA pourrait entraîner un traitement inapproprié, un diagnostic retardé ou même un préjudice pour le patient.

Exemples de systèmes d'IA à haut risque dans le domaine de la santé :

- Systèmes de diagnostic alimentés par l'IA qui analysent des images médicales, telles que des radiographies, des scanners CT et des IRM, pour détecter et classer les maladies.

- Systèmes de soutien à la décision alimentés par l'IA qui aident les médecins à déterminer le meilleur plan de traitement pour les patients en fonction de leurs antécédents médicaux, de leurs symptômes et de leurs informations génétiques.

- Modèles prédictifs alimentés par l'IA qui prévoient les résultats des patients, tels que la probabilité de réadmission à l'hôpital ou la progression d'une maladie.

Ces systèmes sont classés comme à haut risque car ils peuvent directement affecter la santé et la sécurité des patients. Un dysfonctionnement ou une erreur dans ces systèmes pourrait avoir des conséquences graves, voire nuire au patient.

Transport

Les systèmes d'IA transforment également le secteur des transports, jouant un rôle clé dans le développement des voitures autonomes, des drones autonomes et des systèmes de gestion du trafic intelligents. Ces technologies promettent de rendre les transports plus sûrs, plus efficaces et plus accessibles. Cependant, elles introduisent également de nouveaux risques. Un dysfonctionnement dans une voiture autonome pourrait provoquer un accident, entraînant des blessures ou même la mort.

Exemples de systèmes d'IA à haut risque dans le secteur des transports :

- Systèmes de conduite autonome alimentés par l'IA qui contrôlent la direction, le freinage et l'accélération des véhicules, leur permettant de fonctionner sans intervention humaine.

- Systèmes de gestion du trafic alimentés par l'IA qui analysent les schémas de trafic et ajustent les signaux de trafic pour optimiser le flux de trafic et réduire la congestion.

- Systèmes de contrôle du trafic aérien alimentés par l'IA qui gèrent le flux d'avions dans et hors des aéroports, garantissant un voyage aérien sûr et efficace.

Ces systèmes sont classés comme à haut risque car ils peuvent directement affecter la sécurité des passagers, des conducteurs et des piétons. Une erreur dans ces systèmes pourrait avoir des conséquences catastrophiques.

Application de la loi

Les systèmes d'IA sont de plus en plus utilisés dans l'application de la loi pour des tâches telles que la reconnaissance faciale, la police prédictive et l'analyse des crimes. Ces technologies ont le potentiel d'améliorer la sécurité publique et d'aider les agences d'application de la loi à résoudre les crimes plus efficacement. Cependant, elles soulèvent également des préoccupations sérieuses concernant la vie privée, la discrimination et le droit à un procès équitable.

Exemples de systèmes d'IA à haut risque dans l'application de la loi :

- Systèmes de reconnaissance faciale qui identifient les individus en fonction de leurs caractéristiques faciales, souvent utilisés pour la surveillance et l'identification des suspects.

- Systèmes de police prédictive qui analysent les données sur les crimes pour prévoir où et quand les crimes sont susceptibles de se produire, menant potentiellement à un ciblage biaisé de certains quartiers ou groupes démographiques.

- Outils d'évaluation des risques qui prédisent la probabilité de récidive, utilisés pour informer les décisions de condamnation et l'éligibilité à la libération conditionnelle.

Ces systèmes sont classés comme à haut risque car ils peuvent avoir un impact significatif sur la liberté, la vie privée et les droits fondamentaux des personnes. Une erreur ou un biais dans ces systèmes pourrait entraîner une arrestation injustifiée, une condamnation injuste ou même le refus d'un procès équitable.

Infrastructures critiques

Les infrastructures critiques, telles que les réseaux électriques, les usines de traitement de l'eau et les réseaux de transport, sont essentielles au fonctionnement de la société. Les systèmes d'IA sont de plus en plus utilisés pour gérer et sécuriser ces systèmes, améliorant l'efficacité, la fiabilité et la sécurité. Cependant, ces systèmes présentent également des risques uniques. Une cyberattaque ou un dysfonctionnement dans un système d'infrastructure critique alimenté par l'IA pourrait avoir des effets en cascade, perturbant les services essentiels et potentiellement causant des dommages généralisés.

Exemples de systèmes d'IA à haut risque dans les infrastructures critiques :

- Systèmes de gestion de réseau électrique alimentés par l'IA qui équilibrent l'offre et la demande d'électricité, garantissant une alimentation électrique stable et fiable.

- Systèmes de traitement de l'eau alimentés par l'IA qui surveillent la qualité de l'eau et ajustent les processus de traitement pour garantir une eau potable sûre.

- Systèmes de cybersécurité alimentés par l'IA qui détectent et répondent aux cyberattaques, protégeant les infrastructures critiques contre les acteurs malveillants.

Ces systèmes sont classés comme à haut risque car ils sont essentiels au fonctionnement de la société et une perturbation ou une défaillance de ces systèmes pourrait avoir des conséquences généralisées et potentiellement catastrophiques.

L'Acte sur l'IA de l'UE reconnaît que les systèmes d'IA à haut risque nécessitent un niveau de scrutin et de réglementation plus élevé que les autres systèmes d'IA. Il définit des exigences spécifiques que les fournisseurs et les déployeurs de ces systèmes doivent respecter pour garantir leur sécurité, leur fiabilité et leur fiabilité. Ces exigences seront discutées en détail dans les chapitres suivants, mais elles incluent :

- **Systèmes de gestion des risques :** Les fournisseurs de systèmes d'IA à haut risque doivent établir et mettre en œuvre des systèmes de gestion des risques robustes pour identifier, évaluer et atténuer les risques potentiels tout au long du cycle de vie du système.

- **Qualité et gouvernance des données :** Les systèmes d'IA à haut risque doivent être formés, validés et testés en utilisant des données de haute qualité qui sont pertinentes, représentatives et exemptes de biais. Les fournisseurs doivent également établir des politiques de gouvernance des données claires pour garantir une gestion des données responsable.

- **Transparence et explicabilité :** Les systèmes d'IA à haut risque doivent être transparents, fournissant aux utilisateurs des informations claires sur leur fonctionnement et la manière dont leurs décisions sont prises. Dans certains cas, les fournisseurs peuvent également être tenus de fournir des explications sur les décisions individuelles prises par le système.

- **Supervision humaine :** Les systèmes d'IA à haut risque doivent être conçus pour permettre une supervision humaine, garantissant que les humains peuvent intervenir dans le fonctionnement du système si nécessaire. Le niveau de supervision humaine variera en fonction du risque posé par le système et du contexte dans lequel il est utilisé.

- **Robustesse, précision et cybersécurité :** Les systèmes d'IA à haut risque doivent être robustes, précis et sécurisés, fonctionnant de manière cohérente et fiable dans diverses conditions. Ils doivent également être protégés contre les cyberattaques et autres menaces de sécurité.

Ces exigences sont conçues pour créer un cadre complet garantissant le développement et le déploiement sûrs et éthiques des systèmes d'IA à haut risque. En imposant ces exigences, l'Acte sur l'IA de l'UE vise à instaurer la confiance dans l'IA, en encourageant son développement et son adoption tout en atténuant les dommages potentiels.

CHAPITRE CINQ : Identification des Systèmes d'IA à Haut Risque : Explication de l'Annexe III

Dans le chapitre précédent, nous avons exploré le concept des systèmes d'IA à haut risque et les raisons pour lesquelles ces systèmes méritent une attention particulière en vertu de la loi européenne sur l'IA. Nous avons vu que les systèmes d'IA à haut risque sont ceux qui ont le potentiel d'impacter significativement la vie des personnes, en particulier dans les domaines où la sécurité, l'équité et les droits fondamentaux sont primordiaux. Nous avons également appris que la loi classe les systèmes d'IA comme à haut risque sur la base de deux critères principaux : leur usage prévu et leur potentiel de nuisance.

Maintenant, plongeons plus profondément dans les catégories spécifiques de systèmes d'IA que la loi considère comme à haut risque. Ces catégories sont détaillées dans l'Annexe III de la loi, qui fournit une liste complète des systèmes d'IA à haut risque à travers divers secteurs. Comprendre la portée de l'Annexe III est crucial pour les développeurs, les déployeurs et toute autre personne impliquée dans l'écosystème de l'IA, car elle détermine si leurs systèmes tombent sous les exigences réglementaires plus strictes de la loi.

L'Annexe III est organisée en huit domaines clés : biométrie, infrastructures critiques, éducation et formation professionnelle, emploi, accès aux services essentiels, application de la loi, migration, asile et contrôle des frontières, et administration de la justice et des processus démocratiques. Chacun de ces domaines reflète une sphère où les systèmes d'IA ont le potentiel d'impacter significativement la vie des personnes, de manière positive ou négative.

Biométrie : Équilibrer l'Innovation avec les Droits Fondamentaux

La biométrie, l'utilisation de caractéristiques biologiques uniques pour identifier les individus, est devenue de plus en plus prévalente à notre ère numérique. Les systèmes d'IA sont désormais utilisés pour analyser les données biométriques à diverses fins, allant du déverrouillage de nos smartphones à la vérification de nos identités aux passages frontaliers. Bien que ces technologies puissent offrir commodité et sécurité, elles soulèvent également des préoccupations concernant la vie privée, la discrimination et le potentiel d'abus.

L'Annexe III reconnaît la sensibilité des données biométriques et les risques potentiels associés aux systèmes biométriques alimentés par l'IA. Elle classe plusieurs catégories de systèmes biométriques comme à haut risque, y compris :

- **Systèmes d'Identification Biométrique à Distance :** Ces systèmes identifient les individus à distance, souvent sans leur connaissance ou consentement. Ils sont généralement utilisés à des fins de surveillance, comme l'identification de suspects dans une foule ou le suivi des déplacements des personnes dans les espaces publics.

- **Systèmes de Catégorisation Biométrique :** Ces systèmes catégorisent les individus en fonction de leurs données biométriques, souvent en inférant des attributs sensibles tels que la race, l'ethnicité, le genre ou l'état émotionnel. Ce type de catégorisation peut conduire à la discrimination et à l'exclusion sociale.

- **Systèmes de Reconnaissance d'Émotion :** Ces systèmes tentent d'inférer les émotions des personnes en fonction de leurs expressions faciales, des motifs vocaux et d'autres indices biométriques. Leur précision est discutable, et leur utilisation soulève des préoccupations concernant la vie privée et le potentiel de manipulation.

La loi exempte certains systèmes biométriques de la classification à haut risque. Par exemple, les systèmes utilisés pour la vérification biométrique, comme déverrouiller un smartphone avec une empreinte digitale, ne sont pas considérés comme à haut risque car ils impliquent une comparaison un-à-un des données biométriques avec des données précédemment fournies et ne présentent pas les mêmes risques que les systèmes d'identification ou de catégorisation à distance.

Infrastructures Critiques : Sauvegarder les Services Essentiels

Les infrastructures critiques englobent les systèmes et les actifs essentiels au fonctionnement de la société, tels que les réseaux électriques, les usines de traitement de l'eau, les réseaux de transport et les systèmes de communication. Les systèmes d'IA sont de plus en plus utilisés pour gérer et sécuriser les infrastructures critiques, améliorant l'efficacité, la fiabilité et la sécurité. Cependant, ces systèmes présentent également des risques uniques, car une défaillance ou une cyberattaque pourrait avoir des effets en cascade, perturbant les services essentiels et causant des dommages généralisés.

L'Annexe III reconnaît le rôle crucial des infrastructures critiques et les risques potentiels associés aux systèmes alimentés par l'IA dans ce domaine. Elle classe les systèmes d'IA destinés à être utilisés comme composants de sécurité dans la gestion et l'exploitation des infrastructures critiques comme à haut risque. Ces systèmes incluent :

- **Systèmes d'IA pour la gestion et l'exploitation des infrastructures numériques critiques :** Cela inclut les systèmes pour la gestion des plateformes de cloud computing, des centres de données et des réseaux de télécommunication, qui sont essentiels au fonctionnement de l'économie numérique.

- **Systèmes d'IA pour la gestion du trafic routier :** Cela inclut les systèmes pour le contrôle des feux de signalisation, l'optimisation du flux de trafic et le fonctionnement des véhicules autonomes, qui impactent la sécurité et l'efficacité des réseaux de transport.

- **Systèmes d'IA pour l'approvisionnement en eau, gaz, chauffage et électricité :** Cela inclut les systèmes pour la surveillance et le contrôle des usines de traitement de l'eau, des pipelines de gaz, des réseaux électriques et d'autres services publics qui fournissent des services essentiels aux maisons et aux entreprises.

Ces systèmes sont classés comme à haut risque car ils sont intégrés au fonctionnement de la société et une défaillance ou une perturbation dans ces systèmes pourrait avoir des conséquences significatives et potentiellement catastrophiques.

Éducation et Formation Professionnelle : Assurer un Accès Équitable et Juste

Les systèmes d'IA font rapidement leur entrée dans le domaine de l'éducation et de la formation professionnelle, offrant le potentiel de personnaliser les expériences d'apprentissage, d'automatiser les tâches administratives et de fournir aux étudiants des retours personnalisés. Cependant, ces systèmes soulèvent également des préoccupations concernant l'équité, les biais et le potentiel d'exacerber les inégalités existantes.

L'Annexe III reconnaît l'importance de l'éducation et de la formation professionnelle et les risques potentiels associés aux systèmes d'IA dans ce domaine. Elle classe les systèmes d'IA destinés à être utilisés pour les fins suivantes comme à haut risque :

- **Déterminer l'accès ou l'admission aux institutions d'éducation et de formation professionnelle :** Cela inclut les systèmes utilisés pour évaluer les candidatures, noter les tests standardisés et prendre des décisions d'admission.

- **Évaluer les résultats d'apprentissage :** Cela inclut les systèmes utilisés pour noter les devoirs, fournir des retours et évaluer les progrès des étudiants.

- **Évaluer le niveau d'éducation approprié :** Cela inclut les systèmes utilisés pour déterminer le placement des étudiants, recommander des cours et créer des plans d'apprentissage individualisés.

- **Surveiller et détecter les comportements interdits :** Cela inclut les systèmes utilisés pour détecter la tricherie, le plagiat et d'autres formes de mauvaise conduite académique.

Ces systèmes sont classés comme à haut risque car ils peuvent avoir un impact significatif sur les opportunités éducatives des étudiants et leurs futures carrières. Un système d'IA biaisé ou inexact pourrait désavantager injustement certains étudiants, limitant leur accès à l'éducation et freinant leurs chances de succès.

Emploi : Protéger les Droits et les Opportunités des Travailleurs

Les systèmes d'IA sont de plus en plus utilisés sur le lieu de travail pour des tâches telles que le recrutement et l'embauche, l'évaluation des performances, l'allocation des tâches et même la prise de décisions concernant la promotion et le licenciement. Bien que ces systèmes puissent offrir efficacité et objectivité, ils soulèvent également des préoccupations concernant la vie privée des travailleurs, le potentiel de biais et l'impact sur la sécurité de l'emploi.

L'Annexe III reconnaît l'importance de protéger les droits et les opportunités des travailleurs à l'ère de l'IA. Elle classe les systèmes d'IA destinés à être utilisés pour les fins suivantes comme à haut risque :

- **Recruter et sélectionner les candidats à l'emploi :** Cela inclut les systèmes utilisés pour filtrer les CV, analyser les candidatures et mener des entretiens vidéo.

- **Prendre des décisions affectant les conditions d'emploi :** Cela inclut les systèmes utilisés pour fixer les salaires, allouer les tâches et évaluer les performances.

- **Promouvoir ou licencier des employés :** Cela inclut les systèmes utilisés pour identifier les employés performants pour la promotion ou pour signaler les employés sous-performants pour un éventuel licenciement.

- **Surveiller et évaluer le comportement des employés :** Cela inclut les systèmes utilisés pour suivre la productivité des employés, surveiller l'utilisation des emails et d'Internet, et même analyser le sentiment des employés à travers des systèmes de reconnaissance d'émotion.

Ces systèmes sont classés comme à haut risque car ils peuvent avoir un impact profond sur la vie des travailleurs, leurs carrières et même leur vie personnelle. Un système d'IA biaisé ou inexact pourrait désavantager injustement certains travailleurs, limitant leurs opportunités d'avancement ou même conduisant à un licenciement abusif.

Accès et Jouissance des Services Essentiels : Assurer un Traitement Équitable et Juste

Les services essentiels sont ceux qui sont fondamentaux pour le bien-être des personnes et leur capacité à participer à la société, tels que les soins de santé, la sécurité sociale, le logement et les services financiers. Les systèmes d'IA sont de plus en plus utilisés dans ces secteurs pour automatiser les processus, allouer les ressources et prendre des décisions concernant l'éligibilité et l'accès. Bien que ces systèmes puissent offrir efficacité et économies de coûts, ils soulèvent également des préoccupations concernant l'équité, la transparence et le potentiel de désavantager les individus vulnérables.

L'Annexe III reconnaît l'importance d'assurer un accès équitable et juste aux services essentiels. Elle classe les systèmes d'IA destinés à être utilisés pour les fins suivantes comme à haut risque :

- **Évaluer l'éligibilité aux prestations et services publics essentiels :** Cela inclut les systèmes utilisés par les agences gouvernementales pour déterminer l'éligibilité à la sécurité sociale, aux soins de santé, à l'aide au logement et à d'autres services essentiels.

- **Évaluer la solvabilité et établir les scores de crédit :** Cela inclut les systèmes utilisés par les institutions financières pour évaluer le risque de crédit des emprunteurs et déterminer les taux d'intérêt et les conditions de prêt.

- **Évaluer le risque et la tarification dans l'assurance vie et santé :** Cela inclut les systèmes utilisés par les compagnies d'assurance pour déterminer les primes et la couverture en fonction des profils de santé et de risque des individus.

- **Évaluer et classer les appels d'urgence et l'envoi des services d'urgence :** Cela inclut les systèmes utilisés par les services d'urgence pour prioriser les appels, dépêcher les intervenants et trier les patients.

Ces systèmes sont classés comme à haut risque car ils peuvent avoir un impact significatif sur l'accès des personnes aux services essentiels et leur capacité à vivre dignement et à participer à la société. Un système d'IA biaisé ou inexact pourrait injustement refuser aux individus l'accès à des services vitaux, entraînant des difficultés et une exclusion sociale.

Application de la Loi : Respecter le Droit à un Procès Équitable et les Droits Fondamentaux

Les systèmes d'IA jouent un rôle de plus en plus important dans l'application de la loi, étant utilisés pour des tâches telles que la reconnaissance faciale, la police prédictive, l'identification des suspects et l'analyse des crimes. Bien que ces technologies offrent le potentiel d'améliorer la sécurité publique et d'aider les agences d'application de la loi à résoudre les crimes plus efficacement, elles soulèvent également de sérieuses préoccupations concernant la vie privée, la discrimination, le droit à un procès équitable et le potentiel d'abus.

L'Annexe III reconnaît la sensibilité de l'utilisation de l'IA dans l'application de la loi et l'importance de sauvegarder les droits fondamentaux. Elle classe une large gamme de systèmes d'IA destinés à être utilisés dans le contexte de l'application de la loi comme à haut risque, y compris :

- **Systèmes pour évaluer le risque que des individus deviennent victimes de crimes :** Ces systèmes analysent les données pour identifier les individus qui peuvent être à risque plus élevé de devenir victimes de certains crimes, souvent utilisés pour allouer les ressources et cibler les interventions.

- **Polygraphes et outils similaires :** Ces systèmes analysent les réponses physiologiques, telles que la fréquence cardiaque et la conductivité cutanée, pour détecter la tromperie.

- **Systèmes pour évaluer la fiabilité des preuves :** Ces systèmes analysent les preuves, telles que les déclarations de témoins ou les données médico-légales, pour évaluer leur crédibilité et leur fiabilité.

- **Systèmes pour évaluer le risque que des individus commettent ou récidivent :** Ces systèmes analysent les données pour prédire la probabilité que des individus commettent des crimes, souvent utilisés pour informer les décisions de condamnation et l'éligibilité à la libération conditionnelle.

- **Systèmes pour profiler les individus dans le cadre d'enquêtes criminelles :** Ces systèmes analysent les données pour identifier des schémas et des tendances qui peuvent être pertinents pour les enquêtes criminelles.

Ces systèmes sont classés comme à haut risque car ils peuvent avoir un impact significatif sur la liberté, la vie privée et les droits fondamentaux des personnes. Une erreur ou un biais dans ces systèmes pourrait conduire à une arrestation injustifiée, à une condamnation injuste ou à la négation du droit à un procès équitable. La loi souligne que les systèmes d'IA dans l'application de la loi doivent être utilisés de manière transparente, responsable et respectueuse des droits fondamentaux.

Migration, Asile et Contrôle des Frontières : Assurer un Traitement Équitable et Humain

Les systèmes d'IA sont de plus en plus utilisés dans le contexte de la migration, de l'asile et du contrôle des frontières pour des tâches telles que le filtrage des voyageurs, la vérification des identités, l'évaluation des risques et la prise de décisions concernant les demandes d'asile. Bien que ces technologies offrent efficacité et sécurité, elles soulèvent également des préoccupations concernant l'équité, les biais et le potentiel de priver les individus de leurs droits fondamentaux.

L'Annexe III reconnaît la vulnérabilité des migrants et des demandeurs d'asile et l'importance d'assurer que les systèmes d'IA sont utilisés de manière équitable, humaine et respectueuse du droit international. Elle classe une gamme de systèmes d'IA destinés à être utilisés dans ce contexte comme à haut risque, y compris :

- **Polygraphes et outils similaires :** Ces systèmes analysent les réponses physiologiques pour détecter la tromperie, souvent utilisés dans les entretiens d'asile ou les contrôles frontaliers.

- **Systèmes pour évaluer les risques posés par les individus entrant dans un État membre :** Ces systèmes analysent les données pour identifier les individus qui peuvent poser des risques de sécurité, des risques sanitaires ou des risques de migration irrégulière.

- **Systèmes pour aider à l'examen des demandes d'asile, de visa et de permis de séjour :** Ces systèmes analysent les données pour évaluer l'éligibilité des demandeurs et la fiabilité des preuves à l'appui.

- **Systèmes pour détecter, reconnaître ou identifier les individus dans le cadre du contrôle des frontières :** Cela inclut les systèmes utilisés pour la reconnaissance faciale, l'analyse de la démarche et d'autres techniques d'identification biométrique.

Ces systèmes sont classés comme à haut risque car ils peuvent avoir un impact profond sur la vie des personnes, déterminant si elles obtiennent l'asile, sont autorisées à entrer dans un pays ou sont expulsées. Un système d'IA biaisé ou inexact pourrait injustement priver les individus de leurs droits fondamentaux, conduisant à la détention, à l'expulsion ou même à la persécution. La loi souligne que les systèmes d'IA dans ce contexte doivent être utilisés de manière transparente, responsable et respectueuse du droit international et des droits fondamentaux.

Administration de la Justice et des Processus Démocratiques : Respecter l'État de Droit

Les systèmes d'IA font également leur entrée dans l'administration de la justice et les processus démocratiques, étant utilisés pour des tâches telles que la recherche juridique, la prédiction des affaires, les recommandations de condamnation et même l'influence du comportement de vote. Bien que ces technologies offrent le potentiel d'améliorer l'efficacité et l'équité du système juridique, elles soulèvent également des préoccupations concernant les biais, la transparence et le potentiel de saper le droit à un procès équitable et les valeurs démocratiques.

L'Annexe III reconnaît l'importance cruciale de respecter l'État de droit et les principes démocratiques à l'ère de l'IA. Elle classe les systèmes d'IA destinés à être utilisés pour les fins suivantes comme à haut risque :

- **Systèmes utilisés pour assister les autorités judiciaires dans la recherche juridique et l'interprétation :** Ces systèmes analysent les textes juridiques et la jurisprudence pour aider les juges et les avocats à comprendre et à appliquer la loi.

- **Systèmes utilisés pour influencer le résultat des élections ou des référendums :** Ces systèmes analysent les données pour cibler les électeurs, prédire le comportement de vote et même manipuler l'opinion publique.

Ces systèmes sont classés comme à haut risque car ils peuvent avoir un impact significatif sur l'équité et l'intégrité du système juridique et du processus démocratique. Un système d'IA biaisé ou opaque pourrait influencer injustement les décisions juridiques, manipuler les électeurs ou saper la confiance du public dans les institutions démocratiques. La loi souligne que les systèmes d'IA dans ce contexte doivent être utilisés de manière transparente, responsable et respectueuse des droits fondamentaux et des valeurs démocratiques.

L'Annexe III fournit un cadre dynamique pour l'identification des systèmes d'IA à haut risque. Ce n'est pas une liste statique mais un document vivant qui sera régulièrement mis à jour par la Commission pour refléter l'évolution de la technologie de l'IA et de ses applications. Les critères énoncés dans l'Annexe III fournissent une feuille de route claire pour les développeurs et les déployeurs d'IA, les aidant à déterminer si leurs systèmes tombent sous les exigences réglementaires plus strictes de la loi.

CHAPITRE SIX : Systèmes de gestion des risques : Un processus continu

Nous avons établi que le règlement européen sur l'IA adopte une approche basée sur les risques, ce qui signifie que les systèmes d'IA à haut risque sont soumis à un examen plus rigoureux et à des exigences plus strictes. Mais comment garantissons-nous réellement que ces systèmes sont développés et déployés de manière responsable ? C'est là qu'interviennent les systèmes de gestion des risques.

Considérez un système de gestion des risques comme un ensemble de pratiques et de procédures continues qui nous aident à identifier, évaluer et atténuer les problèmes potentiels. C'est comme un filet de sécurité qui attrape les dangers potentiels avant qu'ils ne puissent causer des dommages. Tout comme une équipe de construction ne commencerait pas à construire un gratte-ciel sans un plan de sécurité détaillé, les développeurs d'IA ne devraient pas construire et déployer des systèmes d'IA à haut risque sans un système de gestion des risques complet.

La gestion des risques n'est pas une activité ponctuelle ; c'est un processus continu qui doit être intégré à chaque étape du cycle de vie du système d'IA. Il commence dès le moment où vous concevez le système et se poursuit même après que le système a été déployé et fonctionne dans le monde réel.

Décomposons ce processus en ses composantes principales :

1. Identification des risques : Anticiper les problèmes potentiels

La première étape de tout système de gestion des risques consiste à identifier les dangers potentiels. Cela implique de se demander : "Que pourrait-il arriver de mal avec ce système d'IA ?" Cela peut sembler une question simple, mais elle nécessite une réflexion approfondie sur l'utilisation prévue du système, son impact potentiel sur les individus et la société, et les différentes manières dont il pourrait dysfonctionner ou être mal utilisé.

Il est important de penser au-delà des risques évidents et de considérer des scénarios moins probables mais toujours plausibles. Que se passe-t-il si le système rencontre des données inattendues ? Que se passe-t-il s'il est utilisé à des fins autres que celles prévues ? Que se passe-t-il s'il est attaqué par des acteurs malveillants ?

Prenons l'exemple d'un système de diagnostic médical alimenté par l'IA. Quelques risques évidents pourraient inclure :

- **Diagnostic inexact :** Le système interprète mal les images médicales ou les données des patients, conduisant à un diagnostic incorrect.

- **Diagnostic retardé :** Le système ne détecte pas une maladie à ses débuts, retardant le traitement et aggravant potentiellement l'état du patient.

- **Erreurs de traitement :** Le système recommande un traitement inapproprié pour le patient, entraînant des effets secondaires indésirables ou des complications.

Ce ne sont que quelques exemples, et un processus d'identification des risques approfondi devrait considérer une gamme beaucoup plus large de dangers potentiels, y compris :

- **Biais dans les données d'entraînement :** Le système est formé sur des données qui ne sont pas représentatives de la population de patients sur laquelle il sera utilisé, conduisant à des diagnostics ou des recommandations de traitement biaisés.

- **Vulnérabilités en matière de cybersécurité :** Le système est piraté, permettant un accès non autorisé à des données sensibles des patients ou la manipulation des résultats du système.

- **Défaillance du système :** Le système subit un dysfonctionnement technique, l'empêchant de fonctionner comme prévu.

En identifiant systématiquement les risques potentiels, vous créez une base pour les étapes ultérieures du processus de gestion des risques.

2. Évaluation des risques : Évaluer la gravité et la probabilité des dommages

Une fois que vous avez identifié les risques potentiels, l'étape suivante consiste à évaluer leur gravité et leur probabilité. Cela implique de se poser deux questions clés :

- "Quelle serait la gravité des dommages si ce risque se matérialisait ?"

- "Quelle est la probabilité que ce risque se produise ?"

La gravité des dommages peut varier de légers désagréments à des situations mettant la vie en danger. Par exemple, un mauvais diagnostic par un système de diagnostic médical alimenté par l'IA pourrait entraîner tout, de l'anxiété et des désagréments inutiles à un traitement retardé et des résultats potentiellement fatals.

La probabilité qu'un risque se produise peut varier considérablement en fonction de la conception du système, de la qualité des données sur lesquelles il est formé, de l'environnement dans lequel il est déployé et du potentiel de mauvaise utilisation. Certains risques sont très probables, tandis que d'autres sont relativement rares.

L'évaluation des risques implique d'attribuer un niveau de gravité et de probabilité à chaque risque identifié. Cela peut être fait en utilisant une matrice simple, comme celle ci-dessous :

Dommage mineur	Dommage modéré	Dommage grave

Faible probabilité	Risque faible	Risque moyen	Risque élevé
Probabilité moyenne	Risque moyen	Risque élevé	Risque élevé
Haute probabilité	Risque élevé	Risque élevé	Risque critique

Cette matrice aide à hiérarchiser les risques, en concentrant l'attention sur ceux qui sont les plus susceptibles de se produire et qui ont le potentiel de causer les dommages les plus graves.

3. Atténuation des risques : Mise en œuvre de mesures pour réduire ou éliminer les risques

L'objectif de l'atténuation des risques est de réduire la probabilité que des risques se produisent et de minimiser la gravité des dommages s'ils se produisent. Cela peut impliquer diverses stratégies, selon la nature du risque et le contexte dans lequel le système d'IA est utilisé.

Certaines stratégies courantes d'atténuation des risques incluent :

- **Amélioration de la qualité des données :** Assurer que le système d'IA est formé sur des données de haute qualité qui sont pertinentes, représentatives et exemptes de biais. Cela peut impliquer le nettoyage des données, l'augmentation des données et une sélection minutieuse des sources de données.

- **Renforcement de la robustesse du système :** Concevoir le système d'IA pour qu'il soit résilient aux erreurs, aux défaillances et aux entrées inattendues. Cela peut impliquer des techniques telles que la redondance, les mécanismes de sécurité intégrée et des tests rigoureux.

- **Mise en œuvre de la supervision humaine :** Assurer que les humains peuvent surveiller le fonctionnement du système et intervenir si nécessaire. Cela peut impliquer de fournir aux utilisateurs des informations claires sur le fonctionnement du système, d'établir des procédures claires pour l'intervention humaine et de former les utilisateurs à utiliser le système de manière responsable.

- **Renforcement de la cybersécurité :** Protéger le système d'IA contre les cyberattaques et autres menaces de sécurité. Cela peut impliquer des mesures telles que le cryptage, le contrôle d'accès et des audits de sécurité réguliers.

- **Développement de directives et de politiques claires :** Établir des directives et des politiques claires pour l'utilisation du système d'IA, y compris les politiques d'utilisation acceptable, les politiques de confidentialité des données et les procédures de gestion des erreurs et des dysfonctionnements.

Les stratégies d'atténuation spécifiques les plus appropriées varieront en fonction de la nature du risque et du contexte dans lequel le système d'IA est utilisé. Il est important de considérer soigneusement les coûts et les avantages des différentes stratégies d'atténuation et de choisir celles qui sont les plus efficaces et réalisables.

4. Surveillance et révision des risques : Vigilance et adaptation continues

La gestion des risques n'est pas une activité ponctuelle ; c'est un processus continu qui nécessite une surveillance et une révision constantes. Le paysage de l'IA évolue constamment, avec de nouvelles technologies, applications et risques émergeant tout le temps. Il est essentiel de rester vigilant et d'adapter votre système de gestion des risques selon les besoins pour répondre à ces changements.

La surveillance des risques implique de suivre les performances du système d'IA, de collecter des données sur son fonctionnement et de rechercher tout signe de problèmes potentiels. Cela peut impliquer :

- **Analyse des journaux du système :** Examiner les journaux de fonctionnement du système pour identifier toute erreur, défaillance ou schéma inhabituel de comportement.

- **Collecte des retours des utilisateurs :** Recueillir les retours des utilisateurs sur leurs expériences avec le système, y compris les problèmes qu'ils ont rencontrés ou les préoccupations qu'ils ont concernant son fonctionnement.

- **Surveillance des facteurs externes :** Se tenir informé des changements dans l'environnement dans lequel le système d'IA fonctionne, tels que les nouvelles réglementations, les technologies émergentes ou les changements d'attitude de la société envers l'IA.

La révision des risques implique d'évaluer périodiquement l'efficacité de votre système de gestion des risques et d'apporter les ajustements nécessaires. Cela peut impliquer :

- **Réévaluation des risques :** Revisiter votre évaluation initiale des risques pour voir si la gravité ou la probabilité de certains risques a changé.

- **Évaluation des stratégies d'atténuation :** Évaluer l'efficacité de vos stratégies d'atténuation actuelles et déterminer si des ajustements sont nécessaires.

- **Mise à jour des directives et des politiques :** Réviser vos directives et politiques pour refléter les changements dans le paysage de l'IA et les leçons tirées du fonctionnement du système.

En surveillant et en révisant continuellement votre système de gestion des risques, vous pouvez vous assurer qu'il reste efficace et pertinent à mesure que le paysage de l'IA évolue.

Le règlement européen sur l'IA souligne l'importance des systèmes de gestion des risques pour les systèmes d'IA à haut risque. Il exige des fournisseurs de ces systèmes qu'ils établissent et mettent en œuvre des systèmes de gestion des risques complets qui couvrent toutes les étapes du cycle de vie du système. Le règlement énonce également des exigences spécifiques pour les systèmes de gestion des risques, y compris :

- **Documentation :** Les systèmes de gestion des risques doivent être documentés de manière claire et complète, en détaillant les risques identifiés, l'évaluation de leur gravité et de leur probabilité, les stratégies d'atténuation choisies et les procédures de surveillance et de révision.

- **Révision et mises à jour régulières :** Les systèmes de gestion des risques doivent être révisés et mis à jour régulièrement pour garantir leur efficacité continue et pour répondre à tout changement dans le paysage de l'IA ou le fonctionnement du système.

- **Proportionnalité :** Les mesures de gestion des risques doivent être proportionnées au niveau de risque posé par le système d'IA. Cela signifie que plus le risque de dommage potentiel est significatif, plus les stratégies d'atténuation doivent être robustes.

- **Efficacité :** Les mesures de gestion des risques doivent être efficaces pour réduire la probabilité que des risques se produisent et pour minimiser la gravité des dommages s'ils se produisent. Cela signifie que les stratégies choisies doivent être appropriées pour les risques spécifiques identifiés et doivent être mises en œuvre efficacement.

En imposant ces exigences, le règlement européen sur l'IA vise à garantir que les systèmes d'IA à haut risque sont développés et déployés avec un fort accent sur la sécurité, la fiabilité et la fiabilité. Les systèmes de gestion des risques sont un outil crucial pour atteindre ces objectifs, fournissant un cadre pour identifier et atténuer proactivement les problèmes potentiels avant qu'ils ne puissent causer des dommages.

CHAPITRE SEPT : Gouvernance et Qualité des Données : Le Fondement de l'IA Digne de Confiance

Nous avons discuté des systèmes de gestion des risques et de la manière dont ils aident à garantir le développement et le déploiement responsables des systèmes d'IA à haut risque. Mais il y a un autre élément crucial qui sous-tend la fiabilité de l'IA : les données elles-mêmes. Vous voyez, les systèmes d'IA, en particulier ceux utilisant l'apprentissage automatique, dépendent fortement des données. Ils apprennent des données qui leur sont fournies, et leurs performances sont directement liées à la qualité de ces données. Pensez-y comme à la préparation d'un gâteau : si vous utilisez des ingrédients avariés, peu importe à quel point vous êtes un bon pâtissier, le gâteau sera mauvais. De même, si un système d'IA est formé sur des données biaisées, inexactes ou incomplètes, ses résultats seront erronés, potentiellement conduisant à des conséquences injustes ou même nuisibles.

C'est pourquoi l'Acte sur l'IA de l'UE met un fort accent sur la gouvernance et la qualité des données. Il définit des exigences spécifiques pour les données utilisées pour former, valider et tester les systèmes d'IA à haut risque, garantissant que ces données répondent à des normes élevées de pertinence, de représentativité, de précision et d'absence de biais. Ces exigences visent à prévenir les scénarios de type "garbage-in, garbage-out", garantissant que les systèmes d'IA sont construits sur une base solide de données dignes de confiance.

Examinons ces exigences et explorons leurs implications pour les développeurs et les déployeurs d'IA.

Gouvernance des Données : Établir l'Ordre et la Responsabilité

La gouvernance des données fait référence au cadre global pour la gestion des données tout au long de leur cycle de vie. Elle englobe les politiques, les procédures et les structures organisationnelles qui garantissent que les données sont traitées de manière responsable, sécurisée et éthique. Considérez cela comme les règles de la route pour les données, guidant la manière dont elles sont collectées, stockées, traitées, partagées et finalement éliminées. Un cadre de gouvernance des données robuste est essentiel pour établir la confiance dans les systèmes d'IA, car il démontre un engagement envers une gestion des données responsable et la responsabilité.

L'Acte sur l'IA exige que les fournisseurs de systèmes d'IA à haut risque mettent en œuvre des pratiques de gouvernance et de gestion des données appropriées pour les ensembles de données utilisés pour former, valider et tester ces systèmes. Ces pratiques devraient couvrir divers aspects du cycle de vie des données, notamment :

- **Choix de conception :** Documenter la logique derrière les décisions concernant les données à collecter, la manière de les collecter et les étapes de prétraitement des données nécessaires. Par exemple, si vous construisez un système pour évaluer la solvabilité, vous devez justifier pourquoi vous choisissez de collecter certains points de données, comme le revenu et l'historique de crédit, et non d'autres, comme la race ou l'ethnicité.

- **Processus de collecte des données :** Garantir que les données sont collectées de manière éthique et légale, en respectant la vie privée et les droits de protection des données des individus. Cela peut impliquer l'obtention du consentement éclairé des sujets des données, l'anonymisation des données lorsque cela est possible et le respect des normes de sécurité des données.

- **Opérations de préparation des données :** Documenter toutes les transformations ou manipulations effectuées sur les données avant qu'elles ne soient utilisées pour former le système d'IA. Cela peut inclure le nettoyage des données pour éliminer les erreurs, l'étiquetage des données pour fournir du contexte, ou l'agrégation des données pour créer des statistiques récapitulatives.

- **Hypothèses et limitations :** Indiquer clairement toutes les hypothèses faites sur les données et leurs limitations. Cela peut impliquer de reconnaître que les données peuvent ne pas être parfaitement représentatives du monde réel ou qu'il peut y avoir des lacunes ou des biais dans les données.

- **Détection et atténuation des biais :** Mettre en œuvre des mesures pour détecter, prévenir et atténuer les biais potentiels dans les ensembles de données. Cela peut impliquer d'analyser les données pour des schémas de discrimination, d'utiliser des techniques telles que l'apprentissage automatique conscient de l'équité, et de rechercher activement des sources de données diversifiées pour contrebalancer les biais existants.

Ces pratiques de gouvernance des données devraient être proportionnelles au risque posé par le système d'IA. Cela signifie que les systèmes présentant un potentiel de nuisance plus élevé nécessiteront des pratiques de gouvernance des données plus rigoureuses.

Qualité des Données : Garantir la Pertinence, la Précision et la Représentativité

La qualité des données utilisées pour former les systèmes d'IA est essentielle pour leurs performances et leur fiabilité. Si les données sont erronées, les résultats du système seront également erronés. L'Acte sur l'IA définit des critères de qualité spécifiques pour les ensembles de données utilisés dans les systèmes d'IA à haut risque :

Pertinence : Les données doivent être pertinentes pour le but prévu du système. Cela signifie que les données doivent contenir des informations utiles pour la tâche que le système est conçu pour accomplir. Par exemple, si vous construisez un système pour diagnostiquer le cancer de la peau, les données de formation doivent inclure des images de lésions cutanées connues pour être cancéreuses ou bénignes. Utiliser des images de chats ou de voitures ne serait pas pertinent et conduirait probablement à un système mal performant.

Représentativité : Les données doivent être représentatives de la population réelle sur laquelle le système sera utilisé. Cela signifie que les données doivent refléter la diversité de la population en termes de démographie, de comportements et d'autres caractéristiques pertinentes. Par exemple, si vous construisez un système de reconnaissance faciale qui sera utilisé par les forces de l'ordre, les données de formation doivent inclure des visages de personnes de diverses origines raciales et ethniques, âges, sexes et caractéristiques faciales. Un système formé sur un sous-ensemble restreint de visages pourrait avoir du mal à identifier correctement les individus des groupes sous-représentés.

Complétude : Les données doivent être aussi complètes que possible, capturant tous les aspects pertinents du phénomène que le système est censé modéliser. Cela signifie que les données ne doivent pas avoir de lacunes ou de valeurs manquantes significatives. Bien sûr, la complétude parfaite est rarement réalisable, mais des efforts doivent être faits pour minimiser les données manquantes et pour prendre en compte leur impact potentiel sur les performances du système. Par exemple, si vous construisez un système pour prédire l'attrition des clients, les données doivent inclure des informations sur les démographies des clients, l'historique des achats, les schémas d'engagement et, idéalement, les raisons pour lesquelles les clients ont quitté dans le passé. Les données manquantes sur les raisons de l'attrition pourraient limiter la capacité du système à prédire avec précision l'attrition future.

Précision : Les données doivent être précises et exemptes d'erreurs. Cela signifie que les données doivent être correctement étiquetées, validées et nettoyées pour éliminer toutes les incohérences ou inexactitudes. Des données inexactes peuvent conduire à des modèles défectueux qui produisent des résultats peu fiables ou même nuisibles. Par exemple, si vous formez un système à détecter les transactions frauduleuses, les données doivent étiqueter correctement quelles transactions sont frauduleuses et lesquelles sont légitimes. Des transactions mal étiquetées pourraient apprendre au système à identifier des transactions légitimes comme frauduleuses ou vice versa, entraînant des pertes financières ou des dommages à la réputation.

Absence de biais : Les données doivent être exemptes de biais qui pourraient conduire à des discriminations ou à des résultats injustes. C'est peut-être l'aspect le plus difficile de la qualité des données, car les données reflètent souvent les biais existants dans la société. S'attaquer aux biais nécessite une considération attentive des sources de données, du processus de collecte et du potentiel de biais cachés dans les données elles-mêmes. Par exemple, si vous formez un système pour filtrer les candidatures à un emploi, les données peuvent refléter les biais existants dans les pratiques de recrutement, comme une préférence pour les candidats de certaines universités ou avec une expérience professionnelle spécifique. Utiliser ces données biaisées pour former le système pourrait perpétuer ces biais, désavantager injustement les candidats de groupes sous-représentés.

Répondre à ces critères de qualité des données est essentiel pour construire des systèmes d'IA dignes de confiance. Cela garantit que les systèmes apprennent à partir d'informations fiables et non biaisées, réduisant le risque de discrimination, d'injustice et de nuisance.

Défis Spécifiques pour Garantir la Qualité des Données

Garantir la qualité des données n'est pas toujours une tâche simple. Les développeurs d'IA rencontrent souvent un certain nombre de défis pour répondre aux exigences définies dans l'Acte sur l'IA :

Rareté des données : Des données de haute qualité peuvent être difficiles à obtenir, en particulier dans des domaines spécialisés. Par exemple, former un système pour diagnostiquer des maladies rares peut nécessiter des données d'un nombre limité de patients, rendant difficile l'atteinte de la représentativité.

Biais des données : Comme mentionné précédemment, les données reflètent souvent les biais existants dans la société, rendant difficile de garantir que les systèmes d'IA sont formés sur des données non biaisées.

Complexité des données : Les données du monde réel peuvent être désordonnées et complexes, contenant des erreurs, des incohérences et des valeurs manquantes. Nettoyer et prétraiter les données pour éliminer ces imperfections peut être une tâche chronophage et difficile.

Confidentialité des données : La collecte et l'utilisation des données pour les systèmes d'IA doivent se conformer aux réglementations de protection des données, comme le Règlement Général sur la Protection des Données (RGPD) de l'UE. Cela peut impliquer l'anonymisation des données, l'obtention du consentement des sujets des données et la mise en œuvre de mesures de sécurité des données.

Dérive des données : Le monde réel est en constante évolution, et les données qui étaient autrefois précises et représentatives peuvent devenir obsolètes avec le temps. Ce phénomène, connu sous le nom de dérive des données, peut conduire les systèmes d'IA à devenir moins précis et fiables au fil du temps.

Répondre à ces défis nécessite une approche proactive et multifacette. Les développeurs d'IA doivent être attentifs à la qualité des données dès le départ, en considérant soigneusement les sources de données, le processus de collecte et le potentiel de biais et d'erreurs. Ils doivent également mettre en œuvre une surveillance et une évaluation continues pour garantir que les données restent pertinentes et précises au fil du temps.

Le Rôle de l'Évaluation de Conformité par des Tiers

L'Acte sur l'IA de l'UE reconnaît que tous les développeurs d'IA n'ont pas l'expertise ou les ressources nécessaires pour évaluer et garantir pleinement la qualité de leurs ensembles de données. Pour remédier à cela, l'Acte prévoit l'implication d'organismes d'évaluation de conformité tiers. Ces organismes sont des organisations indépendantes qui peuvent évaluer si les systèmes d'IA, y compris leurs ensembles de données, sont conformes aux exigences de l'Acte.

L'évaluation de conformité peut impliquer diverses activités, notamment :

- **Examen de la documentation :** Examiner la documentation du système d'IA, y compris ses pratiques de gouvernance et de gestion des données, pour évaluer si elles répondent aux exigences de l'Acte.

- **Audits de données :** Examiner les ensembles de données utilisés pour former, valider et tester le système d'IA afin d'évaluer leur qualité, pertinence, représentativité, précision et absence de biais.

- **Tests et validation :** Tester et valider indépendamment le système d'IA pour évaluer ses performances et sa conformité avec les exigences de l'Acte.

L'implication d'organismes d'évaluation de conformité tiers peut aider à établir la confiance dans les systèmes d'IA en fournissant une évaluation indépendante et objective de leur conformité avec les exigences de l'Acte. Cela peut être particulièrement utile pour les développeurs d'IA qui manquent d'expertise ou de ressources internes pour évaluer pleinement leurs propres systèmes.

L'Importance de Données de Haute Qualité pour une IA Digne de Confiance

La qualité des données est fondamentale pour la fiabilité des systèmes d'IA. Les ensembles de données de haute qualité sont essentiels pour :

- **Des résultats précis et fiables :** Les systèmes d'IA formés sur des données de haute qualité sont plus susceptibles de produire des résultats précis et fiables, réduisant le risque d'erreurs, de dysfonctionnements et de conséquences involontaires.

- **Des décisions équitables et non biaisées :** Les systèmes d'IA formés sur des données non biaisées sont moins susceptibles de discriminer des individus ou des groupes, promouvant l'équité et l'égalité.

- **Transparence et explicabilité :** Les systèmes d'IA formés sur des données bien documentées et comprises sont plus transparents et explicables, permettant aux utilisateurs de comprendre comment le système fonctionne et comment ses décisions sont prises.

- **Responsabilité et confiance :** Les systèmes d'IA construits sur une base de données dignes de confiance sont plus responsables et dignes de confiance, promouvant la confiance du public dans la technologie de l'IA.

L'accent mis par l'Acte sur l'IA de l'UE sur la gouvernance et la qualité des données est une étape cruciale pour garantir que les systèmes d'IA sont développés et déployés de manière responsable. En définissant des exigences claires pour les données utilisées dans les systèmes d'IA à haut risque, l'Acte vise à prévenir les résultats nuisibles et à promouvoir la confiance dans la technologie de l'IA. Des données de haute qualité ne sont pas seulement une exigence technique ; c'est le fondement éthique sur lequel une IA digne de confiance est construite.

CHAPITRE HUIT : Transparence et Information : Autonomiser les Déployeurs

Nous avons vu comment la loi européenne sur l'IA met l'accent sur la gestion des risques et la qualité des données comme éléments cruciaux pour construire des systèmes d'IA dignes de confiance. Mais il y a une autre pièce du puzzle qui est tout aussi importante : la transparence. La transparence signifie rendre les informations sur un système d'IA claires et accessibles à ceux qui en ont besoin. Cela inclut non seulement les développeurs et les déployeurs du système, mais aussi les personnes affectées par ses décisions.

La transparence sert plusieurs objectifs cruciaux dans le contexte de la réglementation de l'IA :

- **Construire la Confiance :** Lorsque les gens comprennent comment fonctionne un système d'IA, ils sont plus susceptibles de faire confiance à ses décisions. La transparence aide à démystifier l'IA, la rendant moins opaque et plus compréhensible, permettant aux gens de l'utiliser avec confiance.

- **Permettre la Responsabilité :** La transparence permet une plus grande responsabilité. Si un système fait une erreur ou se comporte de manière inattendue, la transparence permet de retracer le problème à sa source, qu'il s'agisse d'un défaut de conception, d'un biais dans les données ou d'une mauvaise utilisation du système.

- **Faciliter la Surveillance :** La transparence est essentielle pour une surveillance efficace. Les régulateurs et autres parties prenantes ont besoin d'informations claires sur les systèmes d'IA pour évaluer leur conformité avec la loi, surveiller leurs performances et identifier les risques potentiels.

- **Autonomiser les Utilisateurs :** La transparence autonomise les utilisateurs des systèmes d'IA. Lorsque les utilisateurs comprennent les capacités et les limitations d'un système d'IA, ils peuvent prendre des décisions éclairées sur son utilisation, comment l'utiliser et quand remettre en question ses résultats.

La loi européenne sur l'IA reconnaît l'importance de la transparence et inclut plusieurs dispositions visant à promouvoir la transparence dans le développement et le déploiement de systèmes d'IA à haut risque. Ces dispositions se concentrent sur deux aspects clés : fournir des informations aux déployeurs et garantir la transparence pour les utilisateurs.

Informer les Déployeurs : Les Équiper pour une Utilisation Responsable

Les déployeurs sont les individus ou organisations qui mettent en œuvre des systèmes d'IA dans des scénarios du monde réel. Ce sont eux qui utilisent les systèmes pour prendre des décisions, fournir des services ou accomplir d'autres tâches. Il est crucial pour les déployeurs d'avoir une compréhension claire de la manière dont les systèmes fonctionnent, de leurs capacités et limitations, et des risques potentiels associés à leur utilisation. Ces informations permettent aux déployeurs de prendre des décisions éclairées sur la manière de mettre en œuvre les systèmes, de surveiller leurs performances et de prendre des mesures correctives si nécessaire.

La loi sur l'IA exige que les fournisseurs de systèmes d'IA à haut risque fournissent aux déployeurs des informations complètes et compréhensibles sur ces systèmes. Ces informations sont généralement fournies sous la forme d'"instructions d'utilisation" qui accompagnent le système. Ces instructions devraient couvrir une large gamme de sujets, y compris :

- **Caractéristiques du Système :** Les instructions devraient décrire l'objectif prévu du système, ses caractéristiques clés, et ses capacités et limitations. Cela inclut des détails sur la précision, la robustesse et la cybersécurité du système, ainsi que toute circonstance connue ou prévisible pouvant affecter ses performances.

- **Exigences de Données :** Les instructions devraient fournir des informations claires sur les exigences de données pour le système, y compris le type, le format et la qualité des données nécessaires. Cela aide les déployeurs à s'assurer qu'ils alimentent le système avec des données appropriées et que les données répondent aux critères de qualité définis dans la loi.

- **Mesures de Surveillance Humaine :** Les instructions devraient décrire les mesures de surveillance humaine nécessaires pour une utilisation sûre et responsable du système. Cela inclut des détails sur les rôles et responsabilités des opérateurs humains, les procédures d'intervention humaine et la formation nécessaire pour que les opérateurs supervisent efficacement le système.

- **Ressources Matérielles et de Calcul :** Les instructions devraient spécifier les ressources matérielles et de calcul nécessaires pour faire fonctionner le système, ainsi que toute mesure de maintenance et d'entretien nécessaire pour garantir son bon fonctionnement.

- **Capacités de Journalisation :** Les instructions devraient décrire les capacités de journalisation du système, y compris les types d'événements journalisés, le format des journaux et comment les déployeurs peuvent accéder et interpréter les journaux. Les journaux sont essentiels pour surveiller le fonctionnement du système, identifier les problèmes potentiels et fournir des preuves de conformité avec les exigences de la loi.

La loi sur l'IA souligne que les instructions d'utilisation devraient être rédigées de manière claire, concise et compréhensible, en utilisant un langage approprié pour le public cible. L'objectif est d'autonomiser les déployeurs pour utiliser le système de manière responsable et efficace, en minimisant les risques d'erreurs, de dysfonctionnements et de conséquences imprévues.

Garantir la Transparence pour les Utilisateurs : Favoriser la Compréhension et la Confiance

Les utilisateurs sont les individus ou organisations qui interagissent avec les systèmes d'IA, soit directement, soit indirectement. Ils peuvent être les bénéficiaires de services fournis par le système, les sujets de décisions prises par le système, ou simplement des individus dont la vie est affectée par le fonctionnement du système. La transparence pour les utilisateurs signifie leur fournir des informations claires sur le rôle du système, ses capacités et limitations, et leurs droits par rapport au système.

La loi sur l'IA inclut plusieurs dispositions visant à promouvoir la transparence pour les utilisateurs, en particulier dans les situations où les systèmes d'IA prennent des décisions ayant un impact significatif sur la vie des gens. Ces dispositions se concentrent sur trois domaines clés :

1. Notification de l'Interaction avec l'IA :

La loi exige que les utilisateurs soient informés lorsqu'ils interagissent avec un système d'IA, sauf si cela est évident d'après le contexte. Cette notification vise à garantir que les utilisateurs sont conscients qu'ils n'interagissent pas avec un humain et à les rendre conscients des implications potentielles de cette interaction.

Par exemple, si vous appelez une ligne de service client et que votre appel est géré par un chatbot alimenté par l'IA, le système devrait clairement s'identifier comme tel. Cela vous permet d'ajuster vos attentes et votre style de communication en conséquence. Vous pourriez choisir de formuler vos questions plus directement, d'éviter d'utiliser des expressions idiomatiques ou d'être plus patient avec les réponses du système.

La loi reconnaît qu'il existe des exceptions à cette exigence de notification. Par exemple, si le système d'IA est utilisé à des fins de maintien de l'ordre, comme l'identification de suspects dans une foule, informer les individus qu'ils interagissent avec le système pourrait compromettre l'enquête. Dans ces cas, la loi permet des exceptions à l'exigence de notification, mais seulement sous des conditions strictes et avec des garanties appropriées en place.

2. Divulgation du Contenu Généré par l'IA :

La prolifération de systèmes d'IA capables de générer du contenu synthétique réaliste, comme du texte, des images, de l'audio et de la vidéo, soulève des préoccupations concernant l'authenticité et le potentiel de tromperie. La loi aborde ces préoccupations en exigeant que les fournisseurs de tels systèmes prennent des mesures pour permettre la détection et la divulgation du contenu généré par l'IA.

La loi oblige les systèmes d'IA capables de générer du contenu synthétique à intégrer des solutions techniques permettant de marquer le contenu comme généré artificiellement. Ce marquage doit être fait dans un format lisible par machine, permettant à d'autres systèmes d'identifier facilement le contenu comme généré par l'IA. Les solutions techniques spécifiques utilisées varieront en fonction du type de contenu et des capacités du système, mais elles pourraient impliquer des techniques telles que des filigranes numériques, des balises de métadonnées ou des signatures cryptographiques.

En plus du marquage technique, la loi exige que les déployeurs de systèmes d'IA utilisés pour créer du contenu synthétique réaliste, comme les "deep fakes", divulguent clairement que le contenu a été généré artificiellement. Cette divulgation doit être faite de manière claire et distincte pour les utilisateurs. Par exemple, une vidéo qui a été manipulée en utilisant l'IA pour faire croire que quelqu'un dit ou fait quelque chose qu'il n'a pas fait devrait être étiquetée comme un "deep fake" afin que les spectateurs comprennent que le contenu n'est pas authentique.

La loi permet des exceptions à cette exigence de divulgation dans les cas où le contenu fait partie d'une œuvre artistique, créative, satirique ou fictive. Dans ces cas, la loi reconnaît que l'utilisation de l'IA pour générer du contenu synthétique peut être un outil artistique légitime et que l'exigence de divulgation pourrait interférer avec l'expression artistique. Cependant, même dans ces cas, la loi insiste sur le fait que des garanties appropriées doivent être en place pour protéger les droits et libertés des tiers. Par exemple, une vidéo deep fake qui dépeint une figure publique sous un jour faux et diffamatoire ne serait pas protégée par cette exception, même si elle est présentée comme une œuvre satirique.

3. Droit à l'Explication :

L'un des aspects les plus difficiles des systèmes d'IA, en particulier ceux utilisant l'apprentissage automatique, est leur manque de transparence. Ces systèmes fonctionnent souvent comme des boîtes noires, rendant difficile la compréhension de la manière dont ils parviennent à leurs conclusions. Ce manque d'explicabilité peut poser problème, surtout lorsque les systèmes d'IA sont utilisés pour prendre des décisions ayant un impact significatif sur la vie des gens.

La loi aborde cette préoccupation en accordant aux individus le droit d'obtenir une explication lorsqu'une décision prise par un déployeur est principalement basée sur la sortie d'un système d'IA à haut risque. Ce droit s'applique aux décisions qui produisent des effets juridiques ou qui affectent de manière similaire et significative les individus, comme les décisions concernant les demandes de prêt, les candidatures à un emploi ou les prestations sociales.

Le droit à l'explication n'est pas absolu. Il ne s'applique pas à tous les systèmes d'IA ni à toutes les décisions prises en utilisant l'IA. Il est spécifiquement limité aux systèmes d'IA à haut risque et aux décisions ayant un impact significatif sur les individus. De plus, le droit à l'explication peut être restreint ou supplanté par d'autres dispositions du droit de l'UE ou national. Par exemple, le droit à l'explication pourrait être limité dans les cas où la divulgation d'informations sur le fonctionnement du système d'IA pourrait compromettre la sécurité nationale ou la sécurité publique.

Lorsque le droit à l'explication s'applique, le déployeur est obligé de fournir à l'individu une explication claire et significative du rôle du système dans le processus de décision et des principaux facteurs ayant contribué à la décision. Cette explication doit être adaptée au niveau de compréhension de l'individu et doit éviter le jargon technique.

L'objectif du droit à l'explication est d'autonomiser les individus pour comprendre comment les systèmes d'IA impactent leur vie et de contester les décisions qu'ils estiment injustes ou inexactes. C'est un outil crucial pour promouvoir la responsabilité et la confiance dans les systèmes d'IA.

Transparence au-delà des Systèmes d'IA à Haut Risque

Bien que la loi européenne sur l'IA se concentre principalement sur les systèmes d'IA à haut risque, elle reconnaît également l'importance de la transparence pour d'autres types de systèmes d'IA, en particulier ceux qui interagissent avec les personnes. La loi exige que les fournisseurs de systèmes d'IA destinés à interagir directement avec des personnes physiques conçoivent et développent ces systèmes de manière à informer les utilisateurs qu'ils interagissent avec un système d'IA. Cette notification doit être claire et visible, garantissant que les utilisateurs sont conscients qu'ils n'interagissent pas avec un humain.

Par exemple, si vous utilisez un site web ou une application qui utilise l'IA pour personnaliser votre expérience, comme recommander des produits ou du contenu, le système doit clairement s'identifier comme étant alimenté par l'IA. Cela vous permet de prendre des décisions éclairées sur la manière d'interagir avec le système et de savoir si vous pouvez faire confiance à ses recommandations.

La loi permet des exceptions à cette exigence de notification si il est évident d'après le contexte que l'utilisateur interagit avec un système d'IA. Par exemple, si vous utilisez un assistant vocal comme Siri ou Alexa, il est généralement compris que vous interagissez avec un système d'IA. Dans ces cas, une notification explicite peut ne pas être nécessaire.

L'Importance de la Transparence pour une IA Digne de Confiance

La transparence est un pilier de l'IA digne de confiance. Elle nous permet de :

- **Comprendre le fonctionnement des systèmes d'IA :** La transparence aide à démystifier l'IA, la rendant moins opaque et plus compréhensible, permettant de l'utiliser avec confiance.

- **Rendre les systèmes d'IA responsables :** La transparence nous permet de retracer les problèmes à leur source, d'identifier les biais potentiels et de rendre les développeurs et les déployeurs responsables des systèmes qu'ils créent.

- **Assurer des résultats équitables et non biaisés :** La transparence aide à identifier et à atténuer les biais dans les systèmes d'IA, promouvant l'équité et l'égalité dans leur application.

- **Construire la confiance et l'assurance :** La transparence favorise la confiance dans la technologie de l'IA en la rendant plus compréhensible et responsable.

Les dispositions de transparence de la loi européenne sur l'IA sont une étape cruciale pour garantir que l'IA est développée et déployée de manière à bénéficier à la société tout en protégeant les droits et libertés individuels. La transparence autonomise les utilisateurs, renforce la responsabilité et favorise la confiance, ouvrant la voie à un avenir où l'IA est une force positive dans le monde.

CHAPITRE NEUF : Supervision humaine : maintenir le contrôle sur l'IA

Nous avons parlé de la gestion des risques, de la qualité des données et de la transparence – tous des ingrédients essentiels pour une IA digne de confiance. Mais il y a un aspect fondamental qui les relie tous : la supervision humaine. L'Acte IA de l'UE reconnaît que même les systèmes d'IA les plus sophistiqués ne doivent pas fonctionner entièrement seuls. Les humains doivent être dans la boucle, fournissant des conseils, surveillant les performances et, en fin de compte, conservant le contrôle sur l'impact de l'IA sur nos vies.

Pensez-y de cette manière : nous ne laisserions pas un avion voler en pilotage automatique sans pilotes dans le cockpit, même si le système de pilotage automatique est très avancé. Les pilotes sont là pour surveiller le vol, gérer les situations imprévues et assurer la sécurité des passagers. De même, même si les systèmes d'IA peuvent accomplir des exploits impressionnants, ils ont toujours besoin d'une supervision humaine pour prévenir les erreurs, traiter les circonstances imprévues et garantir leur alignement avec les valeurs humaines.

La supervision humaine consiste à garantir que l'IA reste un outil au service de l'humanité, et non l'inverse. Il s'agit de garder un œil vigilant sur ces systèmes puissants, d'intervenir lorsque cela est nécessaire et, en fin de compte, de façonner la manière dont l'IA s'intègre dans nos vies.

L'Acte IA de l'UE impose des mesures spécifiques de supervision humaine pour les systèmes d'IA à haut risque. Ces mesures visent à garantir que les humains peuvent effectivement surveiller ces systèmes, comprendre leurs sorties, intervenir lorsque cela est nécessaire et, en fin de compte, prévenir les dommages potentiels. Ces mesures peuvent être mises en œuvre de diverses manières, en fonction du système d'IA spécifique et de son utilisation prévue, mais l'objectif global est de maintenir le contrôle humain.

Types de supervision humaine : de la conception au déploiement

La supervision humaine peut prendre de nombreuses formes tout au long du cycle de vie du système d'IA. L'Acte IA distingue deux principaux types de mesures de supervision :

- **Mesures intégrées au système d'IA :** Ce sont des caractéristiques de conception qui sont incorporées dans le système dès le départ, garantissant que la supervision humaine est intégrée à son cœur même. Ces mesures sont généralement mises en œuvre par le fournisseur, l'entreprise ou l'organisation développant le système d'IA.

- **Mesures mises en œuvre par le déployeur :** Ce sont des pratiques et des procédures opérationnelles qui sont mises en place par l'organisation ou l'individu utilisant le système d'IA dans un contexte réel. Ces mesures peuvent impliquer la formation d'opérateurs humains, l'établissement de protocoles clairs pour l'intervention humaine et la mise en place de mécanismes de surveillance et de reporting.

Explorons quelques exemples de la manière dont ces mesures de supervision peuvent être mises en œuvre en pratique :

Mesures de supervision intégrées : façonner l'ADN du système

Les mesures de supervision intégrées sont comme des garde-fous qui guident le comportement du système d'IA et l'empêchent de dévier de sa trajectoire. Ces mesures peuvent être mises en œuvre de diverses manières, notamment :

- **Contraintes opérationnelles :** Ce sont des limites sur les actions du système qui l'empêchent de dépasser des frontières prédéterminées. Par exemple, une voiture autonome peut être programmée avec des contraintes opérationnelles qui l'empêchent de dépasser la limite de vitesse ou de conduire dans certaines zones restreintes. Ces contraintes garantissent que le système fonctionne dans des paramètres de sécurité, même s'il rencontre des situations imprévues.

- **Réactivité aux opérateurs humains :** Cela signifie garantir que le système est conçu pour répondre aux commandes et interventions humaines. Par exemple, une voiture autonome devrait pouvoir transférer en douceur le contrôle à un conducteur humain si le conducteur souhaite prendre le relais ou si le système rencontre une situation qu'il ne peut pas gérer. De même, un système de diagnostic médical alimenté par l'IA devrait permettre aux médecins de passer outre ses recommandations s'ils ne sont pas d'accord avec son évaluation. Cette réactivité garantit que les humains peuvent en fin de compte contrôler les actions du système et prévenir les dommages potentiels.

- **Fonctions d'explicabilité :** Ce sont des éléments de conception qui rendent les sorties du système plus compréhensibles pour les opérateurs humains. Cela peut impliquer de fournir des explications pour les décisions du système, de mettre en évidence les facteurs clés qui ont influencé sa sortie, ou de visualiser le processus de raisonnement du système. Les fonctions d'explicabilité aident les opérateurs à comprendre les sorties du système, à identifier les erreurs ou biais potentiels et à prendre des décisions plus éclairées basées sur les recommandations du système.

En intégrant ces mesures de supervision intégrées, les fournisseurs peuvent concevoir des systèmes d'IA qui sont intrinsèquement plus contrôlables et responsables, réduisant le risque de conséquences imprévues et promouvant la confiance dans leurs applications.

Mesures de supervision mises en œuvre par le déployeur : combler le fossé entre la conception et la pratique

Bien que les mesures de supervision intégrées soient cruciales, elles ne sont pas toujours suffisantes à elles seules. Les déployeurs jouent également un rôle vital en garantissant la supervision humaine en mettant en œuvre des pratiques et des procédures opérationnelles qui comblent le fossé entre la conception et l'utilisation réelle. Ces mesures peuvent impliquer :

- **Formation et compétence :** Les déployeurs doivent garantir que les individus responsables de la supervision du système d'IA possèdent la compétence et la formation nécessaires pour exercer leurs rôles efficacement. Cela peut impliquer de fournir une formation sur la fonctionnalité du système, ses capacités et ses limites, les risques potentiels associés à son utilisation, et les procédures d'intervention humaine. Il est également important de garantir que les opérateurs possèdent un niveau adéquat de "littératie en IA", c'est-à-dire qu'ils comprennent les principes de base de l'IA et son impact potentiel sur leur travail.

- **Protocoles clairs pour l'intervention :** Les déployeurs doivent établir des protocoles clairs pour l'intervention humaine, spécifiant les circonstances dans lesquelles les opérateurs humains doivent intervenir dans le fonctionnement du système, les procédures pour ce faire, et les mécanismes de reporting pour documenter les interventions. Ces protocoles aident à garantir que les interventions sont opportunes, appropriées et bien documentées, minimisant le risque de dommage et promouvant la responsabilité.

- **Surveillance et reporting :** Les déployeurs doivent mettre en œuvre des mécanismes de surveillance et de reporting robustes pour suivre les performances du système, identifier les problèmes potentiels et fournir des preuves de conformité avec les exigences de l'Acte. Cela peut impliquer de passer en revue les journaux du système, de collecter les retours des utilisateurs et de réaliser des audits réguliers du fonctionnement du système. Les informations recueillies par la surveillance et le reporting peuvent être utilisées pour ajuster le fonctionnement du système, ajuster les mesures de supervision humaine et traiter les risques émergents.

L'importance du jugement humain : au-delà du biais d'automatisation

L'un des défis clés de la supervision humaine est de surmonter ce que l'on appelle le "biais d'automatisation". Cela fait référence à la tendance à trop compter sur les systèmes automatisés, même lorsque leurs sorties sont douteuses ou en conflit avec le jugement humain. Pensez-y de cette manière : si vous avez utilisé un système de navigation GPS pendant des années et qu'il vous dit soudainement de conduire d'une falaise, suivriez-vous aveuglément ses instructions ? Probablement pas. Mais dans des situations moins dramatiques, il peut être facile de tomber dans le piège de faire trop confiance aux systèmes automatisés, surtout lorsqu'ils ont bien fonctionné de manière constante dans le passé.

Le biais d'automatisation peut être particulièrement problématique dans les systèmes d'IA à haut risque, où les conséquences des erreurs peuvent être significatives. Pour combattre ce biais, l'Acte IA souligne l'importance du jugement humain et le besoin pour les opérateurs humains de :

- **Comprendre les limitations du système :** Les opérateurs doivent être conscients que les systèmes d'IA ne sont pas infaillibles et qu'ils peuvent faire des erreurs. Ils doivent comprendre les limitations du système, les types d'erreurs auxquelles il est sujet, et les circonstances dans lesquelles ses sorties pourraient être peu fiables.

- **Évaluer de manière critique les sorties du système :** Les opérateurs ne doivent pas accepter aveuglément les sorties du système. Ils doivent évaluer de manière critique les informations fournies par le système, en considérant si elles ont du sens dans le contexte de leurs propres connaissances et expériences, et si elles s'alignent avec leur jugement professionnel.

- **Exercer leur droit d'intervenir :** Les opérateurs ne doivent pas hésiter à intervenir dans le fonctionnement du système s'ils estiment que ses sorties sont douteuses ou potentiellement dangereuses. Ils doivent utiliser leur jugement professionnel et les protocoles d'intervention établis pour passer outre les décisions du système ou pour prendre d'autres mesures appropriées pour atténuer les risques.

Supervision humaine renforcée pour l'identification biométrique : un second regard

L'Acte IA reconnaît que certains types de systèmes d'IA justifient des mesures de supervision humaine encore plus strictes en raison de leur impact potentiel sur les droits fondamentaux. Cela est particulièrement vrai pour les systèmes d'identification biométrique à distance, qui identifient les individus à distance en utilisant leurs caractéristiques biologiques uniques, telles que leur visage, leur iris ou leur démarche.

Ces systèmes soulèvent des préoccupations sérieuses concernant la vie privée, la discrimination et le potentiel d'abus. Pour traiter ces préoccupations, l'Acte exige des mesures de supervision humaine renforcées pour ces systèmes, mandatant que :

- **Aucune action ou décision basée uniquement sur l'identification automatisée :** Les déployeurs de systèmes d'identification biométrique à distance sont interdits de prendre toute action ou décision basée uniquement sur la sortie du système. Cela signifie qu'un opérateur humain doit toujours passer en revue et confirmer l'identification du système avant toute action.

- **Vérification par au moins deux personnes physiques :** L'Acte exige que l'identification du système soit vérifiée par au moins deux personnes physiques ayant la compétence, la formation et l'autorité nécessaires. Cette exigence de "second regard" garantit que plusieurs individus évaluent la sortie du système, réduisant le risque d'erreurs et promouvant la responsabilité.

Cette exigence de supervision renforcée pour les systèmes d'identification biométrique reflète l'engagement de l'Acte à protéger les droits fondamentaux, garantissant que le jugement humain joue un rôle crucial dans les décisions qui pourraient avoir un impact significatif sur la vie des individus.

Supervision humaine dans la chaîne de valeur de l'IA : responsabilité partagée

La supervision humaine n'est pas seulement la responsabilité du fournisseur ou du déployeur ; c'est une responsabilité partagée qui s'étend à toute la chaîne de valeur de l'IA. Cela signifie que tous ceux qui sont impliqués dans le développement, le déploiement et l'utilisation des systèmes d'IA ont un rôle à jouer pour garantir la supervision humaine.

Par exemple, les tiers qui fournissent des composants ou des services pour les systèmes d'IA, tels que les fournisseurs de données, les développeurs de modèles ou les services de test et d'évaluation, doivent également considérer les implications de leur travail pour la supervision humaine. Ils doivent garantir que leurs produits et services sont conçus de manière à faciliter la supervision humaine et qu'ils fournissent des informations claires à leurs clients sur la manière de mettre en œuvre des mesures de supervision appropriées.

L'Acte IA encourage la collaboration et le partage d'informations dans toute la chaîne de valeur de l'IA pour promouvoir la supervision humaine. Il exige que les fournisseurs fournissent aux acteurs en aval, tels que les déployeurs et autres tiers, les informations et l'accès technique dont ils ont besoin pour se conformer aux exigences de l'Acte, y compris celles liées à la supervision humaine.

Cette approche collaborative reconnaît que la supervision humaine est un défi complexe qui nécessite un effort collectif pour être traité. En travaillant ensemble et en partageant des informations, les acteurs de la chaîne de valeur de l'IA peuvent aider à garantir que la supervision humaine est effectivement mise en œuvre tout au long du cycle de vie du système d'IA.

Supervision humaine : une pierre angulaire de l'IA digne de confiance

La supervision humaine n'est pas un obstacle à l'innovation ; c'est un élément crucial pour une IA digne de confiance. En gardant les humains dans la boucle, nous pouvons garantir que les systèmes d'IA sont utilisés de manière responsable, éthique et pour le bénéfice de la société. La supervision humaine nous permet de :

- **Prévenir les erreurs et atténuer les risques :** Les opérateurs humains peuvent détecter les erreurs ou dysfonctionnements potentiels qui pourraient ne pas être détectés par les systèmes automatisés, prévenant les dommages et promouvant la sécurité.

- **Traiter les circonstances imprévues :** Les systèmes d'IA sont souvent déployés dans des environnements complexes et dynamiques. Les opérateurs humains peuvent s'adapter aux circonstances changeantes et gérer des situations que le système n'aurait pas été conçu pour traiter.

- **Garantir l'alignement avec les valeurs humaines :** Les systèmes d'IA sont formés sur des données et guidés par des algorithmes. Les opérateurs humains peuvent fournir une guidance éthique et garantir que les sorties du système s'alignent avec les valeurs humaines, prévenant les conséquences imprévues et promouvant l'équité.

- **Maintenir le contrôle sur l'impact de l'IA :** En fin de compte, la supervision humaine consiste à garantir que l'IA reste sous contrôle humain et que son développement et son déploiement sont guidés par des valeurs humaines.

Les dispositions de supervision humaine de l'Acte IA de l'UE sont une étape cruciale pour garantir que l'IA est développée et déployée de manière à servir l'humanité, à respecter les droits fondamentaux et à promouvoir la confiance. En gardant les humains dans la boucle, nous pouvons exploiter la puissance de l'IA tout en protégeant contre ses risques potentiels.

CHAPITRE DIX : Précision, Robustesse et Cybersécurité : Exigences Essentielles

Nous avons exploré plusieurs piliers clés de l'IA digne de confiance : la gestion des risques, la qualité des données, la transparence et la supervision humaine. Tournons maintenant notre attention vers trois exigences techniques fondamentales qui sont essentielles pour garantir que les systèmes d'IA à haut risque fonctionnent comme prévu et ne causent pas de dommages : la précision, la robustesse et la cybersécurité.

Pensez à ces exigences comme étant la fondation sur laquelle l'IA digne de confiance est construite. Tout comme une maison a besoin d'une fondation solide pour résister aux éléments, les systèmes d'IA à haut risque doivent être précis, robustes et sécurisés pour fonctionner de manière fiable dans des environnements complexes et souvent imprévisibles.

Précision : Viser une Performance Fiable et Cohérente

La précision, dans le contexte des systèmes d'IA, fait référence à la capacité du système à produire des sorties qui sont correctes et cohérentes avec le monde réel. Il s'agit de minimiser les erreurs, de s'assurer que les prédictions, classifications ou recommandations du système sont aussi proches de la vérité que possible.

Le niveau de précision requis pour un système d'IA variera en fonction de son usage prévu et des conséquences potentielles des erreurs. Par exemple, un système d'IA utilisé pour recommander des films n'a peut-être pas besoin d'être parfaitement précis, car les conséquences d'une mauvaise recommandation sont relativement mineures. Cependant, un système d'IA utilisé pour diagnostiquer des maladies ou pour contrôler une voiture autonome doit être très précis, car les erreurs dans ces contextes pourraient avoir des conséquences de vie ou de mort.

L'Acte sur l'IA de l'UE ne fixe pas de seuils de précision spécifiques pour tous les systèmes d'IA à haut risque. Au lieu de cela, il adopte une approche plus nuancée, exigeant des fournisseurs de :

- **Atteindre un niveau de précision approprié :** L'Acte reconnaît que ce qui constitue un niveau de précision "approprié" dépendra du système d'IA spécifique et de son usage prévu. Il insiste sur le fait que le niveau de précision doit être suffisant pour minimiser le risque de dommages et pour garantir que le système réalise sa fonction prévue de manière fiable.

- **Déclarer les niveaux et métriques de précision :** Les fournisseurs doivent clairement indiquer les niveaux et métriques de précision que leurs systèmes ont été testés et qui peuvent être attendus en utilisation réelle. Cela permet aux déployeurs et utilisateurs de comprendre les limitations du système et de prendre des décisions éclairées sur son utilisation.

- **Maintenir la précision tout au long du cycle de vie du système :** L'Acte exige des fournisseurs de garantir que leurs systèmes maintiennent un niveau de précision approprié tout au long de leur cycle de vie. Cela signifie que les fournisseurs doivent mettre en œuvre une surveillance et une évaluation continues pour suivre les performances du système, identifier une éventuelle dégradation de la précision et prendre des mesures correctives si nécessaire.

Mesurer la Précision : Un Acte d'Équilibre

Mesurer la précision n'est pas toujours simple, surtout dans les systèmes d'IA complexes. Cela implique souvent de faire des compromis entre différents types d'erreurs et de considérer le contexte dans lequel le système sera utilisé.

Prenons un exemple du domaine médical : un système d'IA conçu pour diagnostiquer une maladie particulière. La précision du système peut être mesurée en termes de sensibilité et de spécificité :

- **Sensibilité :** Cela fait référence à la capacité du système à identifier correctement les individus qui ont la maladie. Un système très sensible identifiera correctement la plupart des personnes qui ont la maladie, minimisant le risque de faux négatifs.

- **Spécificité :** Cela fait référence à la capacité du système à identifier correctement les individus qui n'ont pas la maladie. Un système très spécifique identifiera correctement la plupart des personnes qui n'ont pas la maladie, minimisant le risque de faux positifs.

Idéalement, un système d'IA aurait à la fois une haute sensibilité et une haute spécificité. Cependant, atteindre les deux est souvent un défi, car l'augmentation de l'une se fait souvent au détriment de l'autre. Par exemple, un système très sensible pourrait signaler de nombreux individus comme potentiellement ayant la maladie, même s'ils ne l'ont pas. Cela pourrait conduire à une anxiété inutile, des tests invasifs et des traitements inutiles. D'un autre côté, un système très spécifique pourrait manquer certains individus qui ont réellement la maladie, retardant potentiellement le diagnostic et le traitement.

L'équilibre approprié entre sensibilité et spécificité dépendra de la maladie spécifique et des conséquences des différents types d'erreurs. Pour une maladie facilement traitable, une sensibilité plus élevée pourrait être préférable, même si cela conduit à plus de faux positifs. Cependant, pour une maladie difficile à traiter ou ayant des effets secondaires graves, une spécificité plus élevée pourrait être préférable, même si cela conduit à certains faux négatifs.

L'Acte sur l'IA de l'UE reconnaît que la mesure de la précision n'est pas une approche unique. Il encourage le développement de benchmarks et de méthodologies de mesure standardisés pour les systèmes d'IA, mais laisse aux fournisseurs le soin de déterminer les métriques les plus appropriées pour leurs systèmes spécifiques, en tenant compte de l'usage prévu et des conséquences potentielles des erreurs.

Robustesse : Construire la Résilience aux Erreurs et Entrées Inattendues

La robustesse, dans le contexte des systèmes d'IA, fait référence à la capacité du système à fonctionner de manière fiable même en présence d'erreurs, de défauts ou d'entrées inattendues. Il s'agit de construire la résilience, de s'assurer que le système ne se décompose pas ou ne produit pas des sorties non fiables lorsqu'il est confronté à des défis ou à des écarts par rapport à ses conditions de fonctionnement normales.

Le monde réel est désordonné et imprévisible. Les systèmes d'IA sont souvent déployés dans des environnements où ils rencontrent des données bruyantes, des événements inattendus, voire des tentatives malveillantes de manipuler leur comportement. Un système d'IA robuste peut gérer ces défis avec élégance, minimisant les erreurs et maintenant des performances fiables.

L'Acte sur l'IA de l'UE exige des systèmes d'IA à haut risque d'être aussi résilients que possible face aux erreurs, défauts ou incohérences qui peuvent survenir dans le système ou dans l'environnement dans lequel il fonctionne. Cette exigence de robustesse est particulièrement importante pour les systèmes qui :

- **Interagissent avec le monde physique :** Les systèmes qui contrôlent des dispositifs physiques, comme les voitures autonomes ou les robots, doivent être robustes pour gérer les événements inattendus et prévenir les dommages physiques.

- **Gèrent des données sensibles :** Les systèmes qui traitent des données personnelles, comme les dossiers médicaux ou les informations financières, doivent être robustes pour prévenir les violations de données et protéger la vie privée des individus.

- **Prennent des décisions avec des conséquences significatives :** Les systèmes qui prennent des décisions ayant un impact significatif sur la vie des personnes, comme les demandes de prêt ou les décisions de libération conditionnelle, doivent être robustes pour prévenir des résultats injustes ou nuisibles.

Stratégies pour Améliorer la Robustesse : Intégrer des Garde-fous

Il existe plusieurs stratégies que les développeurs d'IA peuvent employer pour améliorer la robustesse de leurs systèmes :

- **Redondance :** Cela implique de construire des systèmes ou composants de secours qui peuvent prendre le relais si un système ou composant principal échoue. Par exemple, une voiture autonome pourrait avoir des capteurs et systèmes de contrôle redondants qui peuvent prendre le relais si un capteur ou système de contrôle principal dysfonctionne.

- **Mécanismes de sécurité :** Ce sont des fonctionnalités conçues pour s'activer en cas d'erreur ou de dysfonctionnement, amenant le système à un état sûr. Par exemple, un robot travaillant dans une usine pourrait avoir un mécanisme de sécurité qui l'arrête s'il détecte un obstacle sur son chemin, l'empêchant de causer des dommages ou des blessures.

- **Validation et assainissement des entrées :** Cela implique de vérifier et de nettoyer les données introduites dans le système pour éliminer les erreurs, incohérences ou entrées malveillantes. Par exemple, un système qui traite des formulaires en ligne pourrait valider les entrées des utilisateurs pour s'assurer qu'elles sont dans le format correct et qu'elles ne contiennent pas de code malveillant.

- **Tests adversatifs :** Cela implique d'introduire intentionnellement des erreurs ou des entrées adversatives dans le système pour tester sa résilience et identifier les vulnérabilités potentielles. Par exemple, un système de reconnaissance faciale pourrait être testé contre des exemples adversatifs, comme des images légèrement modifiées pour tromper le système.

- **Méthodes d'ensemble :** Cela implique de combiner les sorties de plusieurs modèles d'IA pour améliorer la précision et la robustesse. Par exemple, un système de diagnostic médical pourrait utiliser un ensemble de modèles, chacun entraîné sur un sous-ensemble différent de données, pour réduire le risque de biais et améliorer la fiabilité de ses diagnostics.

En employant ces stratégies, les développeurs d'IA peuvent créer des systèmes plus résilients aux erreurs et aux entrées inattendues, minimisant le risque de dommages et promouvant la confiance dans leurs applications.

Cybersécurité : Protéger les Systèmes d'IA des Attaques

La cybersécurité, dans le contexte des systèmes d'IA, fait référence à la protection de ces systèmes contre l'accès, la manipulation ou l'interruption non autorisés. À mesure que les systèmes d'IA deviennent plus répandus et plus puissants, ils deviennent des cibles de plus en plus attractives pour les cyberattaques. Une attaque réussie sur un système d'IA pourrait avoir des conséquences graves, entraînant des violations de données, des dysfonctionnements du système ou même la manipulation des sorties du système pour produire des résultats nuisibles.

L'Acte sur l'IA de l'UE reconnaît l'importance de la cybersécurité pour les systèmes d'IA à haut risque. Il exige des fournisseurs de mettre en œuvre des mesures de cybersécurité appropriées pour protéger leurs systèmes contre les attaques. Les mesures spécifiques requises varieront en fonction de la fonctionnalité du système, de la sensibilité des données qu'il traite et des conséquences potentielles d'une attaque réussie. Cependant, elles pourraient inclure :

- **Contrôle d'accès :** Limiter l'accès au système et à ses données aux utilisateurs autorisés. Cela pourrait impliquer l'utilisation de mots de passe forts, l'authentification multifactorielle et le contrôle d'accès basé sur les rôles.

- **Cryptage :** Protéger les données au repos et en transit en utilisant le cryptage. Cela rend plus difficile pour les attaquants de voler ou de manipuler les données, même s'ils accèdent au système.

- **Mises à jour de sécurité régulières :** Garder le logiciel et le micrologiciel du système à jour avec les derniers correctifs de sécurité. Cela aide à protéger contre les vulnérabilités connues qui pourraient être exploitées par les attaquants.

- **Audits de sécurité :** Conduire régulièrement des audits de sécurité pour identifier les vulnérabilités potentielles et évaluer l'efficacité des mesures de sécurité existantes.

- **Plan de réponse aux incidents :** Développer un plan de réponse aux incidents qui détaille les étapes à suivre en cas d'incident de cybersécurité. Ce plan devrait inclure des procédures pour détecter et contenir l'incident, se remettre de l'incident et notifier les individus et autorités concernés.

Cybersécurité dans la Chaîne de Valeur de l'IA : Un Effort Collectif

La cybersécurité n'est pas seulement la responsabilité du fournisseur ; c'est une responsabilité partagée qui s'étend à toute la chaîne de valeur de l'IA. Cela signifie que tous ceux impliqués dans le développement, le déploiement et l'utilisation des systèmes d'IA doivent être conscients des risques de cybersécurité et prendre les précautions appropriées.

Par exemple, les fournisseurs de données doivent sécuriser leurs ensembles de données, les développeurs de modèles doivent intégrer la sécurité dans leurs modèles, et les déployeurs doivent mettre en œuvre des mesures de sécurité appropriées dans leurs environnements d'exploitation.

L'Acte sur l'IA de l'UE encourage la collaboration et le partage d'informations dans toute la chaîne de valeur de l'IA pour promouvoir la cybersécurité. Il exige des fournisseurs de fournir aux acteurs en aval les informations et l'accès technique dont ils ont besoin pour mettre en œuvre des mesures de sécurité appropriées.

Cette approche collaborative reconnaît que la cybersécurité est un défi complexe et évolutif qui nécessite un effort collectif pour être adressé. En travaillant ensemble et en partageant des informations sur les menaces et les vulnérabilités, les acteurs de la chaîne de valeur de l'IA peuvent aider à créer un écosystème d'IA plus sûr et plus résilient.

Précision, Robustesse et Cybersécurité : Exigences Interconnectées

La précision, la robustesse et la cybersécurité ne sont pas des exigences indépendantes ; elles sont interconnectées et mutuellement renforçantes. Un système précis mais non robuste pourrait produire des sorties non fiables face à des erreurs ou des entrées inattendues. Un système robuste mais non sécurisé pourrait être vulnérable aux attaques qui pourraient compromettre sa précision ou sa fiabilité. Et un système sécurisé mais non précis pourrait produire des sorties trompeuses ou même nuisibles, malgré sa protection contre les attaques.

L'Acte sur l'IA de l'UE reconnaît cette interdépendance et insiste sur le fait que les systèmes d'IA à haut risque doivent répondre à ces trois exigences pour garantir leur fiabilité. Il ne suffit pas pour un système d'être précis dans des conditions idéales ; il doit également être capable de gérer les défis du monde réel et de résister aux attaques malveillantes.

Ces exigences techniques, combinées aux autres principes de l'IA digne de confiance que nous avons discutés, fournissent un cadre complet pour garantir que les systèmes d'IA à haut risque sont développés et déployés de manière responsable. En répondant à ces exigences, les développeurs et déployeurs d'IA peuvent construire la confiance dans la technologie de l'IA, ouvrant la voie à un avenir où l'IA bénéficie à la société tout en sauvegardant les droits et libertés individuels.

CHAPITRE ONZE : Le Rôle des Fournisseurs : Responsabilités et Obligations

Nous avons exploré les principes fondamentaux de la loi sur l'IA de l'UE, en examinant ses interdictions des pratiques d'IA inacceptables et ses exigences pour les systèmes d'IA à haut risque. Tournons maintenant notre attention vers les individus et les organisations qui donnent vie à ces systèmes : les fournisseurs.

Les fournisseurs sont les entreprises ou les individus qui développent des systèmes d'IA et les mettent sur le marché ou les mettent en service au sein de l'UE. Ce sont les architectes de ces technologies puissantes, ceux qui conçoivent les algorithmes, entraînent les modèles et façonnent finalement les capacités et les limitations des systèmes d'IA.

La loi sur l'IA de l'UE impose des responsabilités importantes aux fournisseurs, reconnaissant qu'ils jouent un rôle crucial dans la garantie de la fiabilité de l'IA. Après tout, la manière dont un système d'IA est conçu, développé et documenté peut avoir un impact profond sur sa sécurité, son équité et son impact global sur la société.

Les exigences de la loi pour les fournisseurs visent à garantir qu'ils adoptent une approche proactive et responsable du développement de l'IA, intégrant des garanties dans leurs systèmes dès le départ et fournissant aux déployeurs et aux utilisateurs les informations dont ils ont besoin pour utiliser ces systèmes en toute sécurité et de manière éthique.

Explorons les principales responsabilités et obligations que la loi sur l'IA de l'UE impose aux fournisseurs :

Conformité aux Exigences des Systèmes d'IA à Haut Risque : Établir la Norme de Fiabilité

Comme nous l'avons vu dans les chapitres précédents, la loi sur l'IA de l'UE établit des exigences spécifiques pour les systèmes d'IA à haut risque, couvrant des domaines tels que la gestion des risques, la qualité des données, la transparence, la supervision humaine, la précision, la robustesse et la cybersécurité. Ces exigences visent à atténuer les préjudices potentiels associés à ces systèmes et à garantir qu'ils sont développés et déployés de manière responsable.

Les fournisseurs de systèmes d'IA à haut risque portent la responsabilité principale de s'assurer que leurs systèmes respectent ces exigences. Cela signifie qu'ils doivent :

- **Mettre en œuvre des systèmes de gestion des risques robustes :** Les fournisseurs doivent établir et mettre en œuvre des systèmes de gestion des risques complets qui couvrent toutes les étapes du cycle de vie du système d'IA, de la conception et du développement au déploiement et à la surveillance post-marché. Cela implique l'identification des risques potentiels, l'évaluation de leur gravité et de leur probabilité, la mise en œuvre de stratégies d'atténuation et la surveillance et l'examen continus des performances du système.

- **Assurer la qualité et la gouvernance des données :** Les fournisseurs doivent s'assurer que les données utilisées pour entraîner, valider et tester leurs systèmes d'IA à haut risque répondent à des normes élevées de qualité, de pertinence, de représentativité, de précision et de liberté de biais. Ils doivent également établir des politiques claires de gouvernance des données pour garantir une gestion responsable des données et protéger la vie privée des individus.

- **Promouvoir la transparence et l'explicabilité :** Les fournisseurs doivent concevoir leurs systèmes de manière à les rendre transparents et explicables pour les déployeurs et les utilisateurs. Cela implique de fournir des informations claires sur la fonctionnalité du système, ses capacités et limitations, les données qu'il utilise et les facteurs qui influencent ses décisions. Dans certains cas, les fournisseurs peuvent également être tenus de fournir des explications des décisions individuelles prises par le système.

- **Faciliter la supervision humaine :** Les fournisseurs doivent concevoir leurs systèmes de manière à permettre une supervision humaine efficace. Cela signifie garantir que les opérateurs humains peuvent surveiller le fonctionnement du système, comprendre ses sorties, intervenir lorsque cela est nécessaire et, en fin de compte, conserver le contrôle sur l'impact du système.

- **Assurer la précision, la robustesse et la cybersécurité :** Les fournisseurs doivent s'assurer que leurs systèmes sont précis, robustes et sécurisés, fonctionnant de manière fiable dans diverses conditions et résistant aux attaques malveillantes. Cela implique la mise en œuvre de procédures de test et de validation appropriées, l'intégration de mécanismes de redondance et de sécurité intégrée, et la mise en œuvre de mesures de cybersécurité robustes.

Répondre à ces exigences n'est pas seulement une obligation légale ; c'est aussi une question de responsabilité éthique. Les fournisseurs ont le devoir de développer des systèmes d'IA qui sont sûrs, équitables et bénéfiques pour la société. En se conformant aux exigences de la loi sur l'IA, les fournisseurs peuvent démontrer leur engagement envers une IA fiable et contribuer à un avenir où l'IA est une force pour le bien.

Fournir des Informations Claires : Autonomiser les Déployeurs et les Utilisateurs

Comme nous l'avons vu dans le chapitre sur la transparence et l'information, les fournisseurs ont l'obligation de fournir aux déployeurs et aux utilisateurs des informations claires et compréhensibles sur leurs systèmes d'IA à haut risque. Ces informations sont cruciales pour garantir que ces systèmes sont utilisés de manière responsable et éthique, minimisant les risques d'erreurs, de dysfonctionnements et de conséquences imprévues.

La loi sur l'IA exige que les fournisseurs fournissent ces informations de plusieurs manières :

Instructions d'Utilisation : Un Guide Complet pour les Déployeurs

Les systèmes d'IA à haut risque doivent être accompagnés d'instructions d'utilisation détaillées qui fournissent aux déployeurs les informations dont ils ont besoin pour mettre en œuvre et exploiter le système en toute sécurité et efficacité. Ces instructions doivent couvrir une large gamme de sujets, notamment :

- **Vue d'Ensemble du Système :** Une description générale du système, son objectif prévu, ses caractéristiques clés et ses capacités et limitations.

- **Exigences en Matière de Données :** Des spécifications claires pour les données nécessaires au fonctionnement du système, y compris le type, le format, la qualité et la quantité de données nécessaires.

- **Mesures de Supervision Humaine :** Des instructions détaillées sur les mesures de supervision humaine nécessaires à l'utilisation sûre et responsable du système.

- **Installation et Configuration :** Instructions sur la manière d'installer et de configurer le système, y compris toute exigence matérielle ou logicielle nécessaire.

- **Fonctionnement et Maintenance :** Instructions sur la manière de faire fonctionner et de maintenir le système, y compris les procédures de gestion des erreurs, des dysfonctionnements et des mises à jour.

- **Mesures de Cybersécurité :** Informations sur les mesures de cybersécurité mises en œuvre pour protéger le système contre les attaques.

- **Informations de Contact :** Coordonnées du fournisseur, y compris les informations de support technique et de service client.

Transparence pour les Utilisateurs : Favoriser la Compréhension et la Confiance

Les fournisseurs ont également la responsabilité de garantir la transparence pour les utilisateurs de leurs systèmes d'IA à haut risque, en particulier lorsque ces systèmes prennent des décisions ayant un impact significatif sur la vie des gens. Cette transparence peut être réalisée par divers moyens, notamment :

- **Fournir des explications claires :** Dans les cas où la loi accorde aux individus le droit à l'explication, les fournisseurs doivent concevoir leurs systèmes de manière à faciliter la fourniture d'explications claires et significatives du processus décisionnel du système. Cela peut impliquer de fournir des explications pour des décisions individuelles, de mettre en avant les principaux facteurs qui ont influencé la décision, ou de visualiser le processus de raisonnement du système.

- **Permettre le contrôle de l'utilisateur :** Les fournisseurs doivent concevoir leurs systèmes de manière à donner aux utilisateurs un certain degré de contrôle sur le fonctionnement du système. Cela peut impliquer de permettre aux utilisateurs d'ajuster les paramètres du système, de fournir des commentaires sur ses sorties, ou de se désengager de certaines fonctionnalités.

- **Déclarer l'implication de l'IA :** Les fournisseurs doivent s'assurer que les utilisateurs sont conscients lorsqu'ils interagissent avec un système d'IA, sauf si cela est évident d'après le contexte. Cela peut impliquer de fournir une notification claire, telle que "Vous discutez maintenant avec un assistant IA", ou d'utiliser des indices visuels, tels qu'un avatar ou une conception d'interface distincts, pour indiquer l'implication de l'IA.

Systèmes de Gestion de la Qualité : Assurer une Conformité Constante

Développer des systèmes d'IA fiables n'est pas un effort ponctuel ; cela nécessite un engagement systématique et continu envers la qualité. La loi sur l'IA de l'UE exige que les fournisseurs de systèmes d'IA à haut risque établissent et mettent en œuvre des systèmes de gestion de la qualité qui garantissent une conformité constante avec les exigences de la loi.

Un système de gestion de la qualité est un cadre de politiques, de procédures et de processus conçus pour garantir qu'une organisation fournit de manière constante des produits ou des services répondant à des normes de qualité spécifiées. Dans le contexte de l'IA, un système de gestion de la qualité aide les fournisseurs à :

- **Intégrer la qualité dans le processus de développement** : Un système de gestion de la qualité aide les fournisseurs à intégrer la qualité dans leurs systèmes d'IA dès le départ, garantissant qu'ils sont conçus, développés et testés de manière à répondre aux exigences de la loi.

- **Surveiller et améliorer les performances du système :** Un système de gestion de la qualité fournit un cadre pour surveiller les performances des systèmes d'IA après leur déploiement, identifier les domaines d'amélioration et mettre en œuvre des actions correctives.

- **Démontrer la conformité avec les réglementations :** Un système de gestion de la qualité fournit des preuves qu'un fournisseur adopte une approche systématique et proactive pour se conformer aux exigences de la loi sur l'IA, ce qui peut être utile pour démontrer la conformité aux régulateurs et autres parties prenantes.

La loi sur l'IA décrit des éléments spécifiques qui doivent être inclus dans le système de gestion de la qualité d'un fournisseur, tels que :

- **Stratégie de conformité réglementaire :** Un plan pour garantir la conformité avec les exigences de la loi sur l'IA, y compris les procédures de réalisation des évaluations de conformité, de gestion des non-conformités et de gestion des modifications du système.

- **Processus de conception et de développement :** Procédures documentées pour la conception, le développement et les tests des systèmes d'IA, garantissant que ces processus sont robustes, répétables et alignés avec les exigences de la loi.

- **Procédures de gestion des données :** Procédures de gestion des données utilisées dans les systèmes d'IA, y compris la collecte, le stockage, le traitement, le partage et la suppression des données.

- **Système de gestion des risques :** Un système de gestion des risques complet qui couvre toutes les étapes du cycle de vie du système d'IA, comme discuté dans un chapitre précédent.

- **Système de surveillance post-marché :** Un système pour surveiller les performances des systèmes d'IA après leur déploiement, recueillir les commentaires des utilisateurs, identifier les problèmes potentiels et mettre en œuvre des actions correctives.

- **Procédures de déclaration :** Procédures pour signaler les incidents graves, les non-conformités et d'autres informations pertinentes aux régulateurs et autres parties prenantes.

Évaluation de la Conformité : Démontrer la Conformité aux Régulateurs

Avant qu'un système d'IA à haut risque puisse être mis sur le marché ou mis en service au sein de l'UE, il doit subir une procédure d'évaluation de la conformité pour démontrer qu'il répond aux exigences de la loi. Cette évaluation peut être réalisée par le fournisseur lui-même ou par un organisme indépendant d'évaluation de la conformité tiers.

Les procédures spécifiques d'évaluation de la conformité varient selon le type de système d'IA et son utilisation prévue. Cependant, elles impliquent généralement :

- **Examen de la documentation :** Examen de la documentation technique du système, y compris ses spécifications de conception, son évaluation des risques, ses pratiques de gouvernance et de gestion des données, et ses résultats de tests et de validation.

- **Tests et validation :** Réalisation de tests et d'évaluations indépendants du système pour vérifier ses performances et sa conformité avec les exigences de la loi.

- **Inspection :** Inspection des processus de développement et de production du système pour s'assurer qu'ils sont alignés avec les exigences de la loi.

Une fois la procédure d'évaluation de la conformité terminée, le fournisseur doit délivrer une déclaration de conformité de l'UE, indiquant que le système est conforme aux exigences de la loi. Le système doit également être apposé du marquage CE, qui est un symbole indiquant la conformité avec les réglementations de l'UE.

Surveillance Post-Marché : Vigilance Continue et Actions Correctives

La conformité avec la loi sur l'IA n'est pas un événement ponctuel ; c'est une responsabilité continue. Les fournisseurs sont tenus de surveiller les performances de leurs systèmes d'IA à haut risque après leur déploiement, à la recherche de tout signe de problème ou de préjudice potentiel. Cette surveillance post-marché aide les fournisseurs à :

- **Identifier les risques émergents :** La surveillance post-marché peut aider les fournisseurs à identifier les risques qui n'ont pas été anticipés lors du processus de développement ou qui émergent en raison de changements dans l'environnement dans lequel le système fonctionne.

- **Évaluer l'efficacité des mesures d'atténuation :** La surveillance post-marché permet aux fournisseurs d'évaluer si les mesures d'atténuation des risques qu'ils ont mises en œuvre sont efficaces pour réduire la probabilité et la gravité des préjudices.

- **Mettre en œuvre des actions correctives :** Si la surveillance post-marché révèle des problèmes ou des préjudices potentiels, les fournisseurs sont tenus de prendre des mesures correctives pour résoudre ces problèmes. Cela peut impliquer la mise à jour du logiciel du système, la fourniture d'une formation supplémentaire aux déployeurs, ou même le rappel du système du marché.

La loi sur l'IA exige que les fournisseurs établissent et mettent en œuvre un système de surveillance post-marché proportionné au risque posé par le système d'IA. Ce système doit inclure des procédures pour :

- **Recueillir des informations :** Collecter des informations sur les performances du système auprès de diverses sources, telles que les déployeurs, les utilisateurs et d'autres parties prenantes. Cela peut impliquer de recueillir les commentaires des utilisateurs, d'analyser les journaux du système ou de réaliser des enquêtes.

- **Analyser les informations :** Analyser les informations collectées pour identifier les problèmes potentiels, les tendances ou les risques émergents.

- **Prendre des mesures correctives :** Mettre en œuvre des actions correctives pour résoudre les problèmes ou les risques identifiés. Cela peut impliquer la mise à jour du logiciel du système, la fourniture d'une formation supplémentaire aux déployeurs, ou le rappel du système du marché.

- **Signaler aux autorités :** Signaler les incidents graves, les non-conformités et d'autres informations pertinentes aux autorités nationales responsables de la surveillance du marché.

Signalement des Incidents Graves : Notification et Enquête Promptes

Dans les cas où un système d'IA à haut risque cause ou contribue à un incident grave, les fournisseurs sont tenus de signaler promptement l'incident aux autorités nationales. Un incident grave est défini comme un incident ou un dysfonctionnement du système qui entraîne :

- **Décès ou blessure grave :** Le système cause ou contribue à la mort d'une personne ou à un grave préjudice à la santé d'une personne.

- **Perturbation des infrastructures critiques :** Le système cause une perturbation sérieuse et irréversible de la gestion ou du fonctionnement des infrastructures critiques, telles que les réseaux électriques, les usines de traitement des eaux ou les réseaux de transport.

- **Violation des droits fondamentaux :** Le système cause ou contribue à une violation des obligations en vertu du droit de l'UE destinées à protéger les droits fondamentaux, tels que le droit à la vie privée, à la non-discrimination ou au procès équitable.

- **Dommages matériels ou environnementaux :** Le système cause des dommages graves aux biens ou à l'environnement.

Les exigences de signalement des incidents graves sont conçues pour garantir que les autorités sont conscientes des problèmes potentiels avec les systèmes d'IA à haut risque afin qu'elles puissent prendre des mesures appropriées pour protéger le public. Lorsqu'un incident grave est signalé, les autorités nationales peuvent enquêter sur l'incident, exiger que le fournisseur prenne des mesures correctives, ou même interdire le système du marché.

L'Importance de la Responsabilité du Fournisseur : Une Fondation pour une IA Fiable

La loi sur l'IA de l'UE impose des responsabilités importantes aux fournisseurs, reconnaissant qu'ils jouent un rôle pivot dans la formation de la fiabilité des systèmes d'IA. En se conformant aux exigences de la loi, les fournisseurs peuvent démontrer leur engagement à développer et à déployer l'IA de manière responsable et éthique.

La responsabilité du fournisseur ne se limite pas à éviter les sanctions légales ; il s'agit de construire la confiance dans la technologie de l'IA et de préparer le terrain pour un avenir où l'IA bénéficie à la société tout en sauvegardant les droits et libertés individuels.

CHAPITRE DOUZE : Systèmes de Management de la Qualité : Garantir une Conformité Constante

Nous avons discuté des exigences spécifiques que la loi européenne sur l'IA impose aux systèmes d'IA à haut risque, couvrant tout, de la gestion des risques et de la qualité des données à la transparence et à la supervision humaine. C'est un ensemble complet de règles conçues pour garantir que ces systèmes sont développés et déployés de manière responsable. Mais comment nous assurer que ces exigences ne sont pas que des mots sur le papier ? Comment nous assurer qu'elles sont appliquées de manière cohérente tout au long du cycle de vie du système d'IA ? C'est là que les systèmes de management de la qualité (SMQ) interviennent.

Pensez à un SMQ comme à une approche structurée du contrôle de la qualité, un ensemble de lignes directrices et de procédures qui aident les organisations à intégrer la qualité dans leurs processus et produits. C'est comme avoir un plan directeur pour la qualité, garantissant que toutes les personnes impliquées dans le processus savent ce qu'on attend d'elles et comment atteindre le niveau de qualité souhaité.

Dans le contexte de la loi européenne sur l'IA, un SMQ aide les fournisseurs de systèmes d'IA à haut risque à démontrer leur engagement envers la conformité. C'est une manière de montrer qu'ils ne cherchent pas seulement à atteindre le minimum requis, mais qu'ils travaillent activement à garantir que leurs systèmes répondent aux normes élevées de la loi. Un SMQ bien mis en œuvre fournit un cadre pour l'amélioration continue, permettant aux fournisseurs d'apprendre de leurs expériences, d'identifier des domaines d'amélioration et, en fin de compte, de rendre leurs systèmes d'IA encore plus fiables.

Composants Clés d'un SMQ pour les Systèmes d'IA à Haut Risque

La loi européenne sur l'IA ne prescrit pas un SMQ unique pour chaque fournisseur. Elle reconnaît que différentes organisations ont des structures, des processus et des ressources différents. Cependant, la loi décrit des éléments spécifiques qui devraient être inclus dans un SMQ pour les systèmes d'IA à haut risque. Ces éléments couvrent divers aspects du cycle de vie du système d'IA, de la conception et du développement à la surveillance et au reporting post-marché.

Examinons ces composants clés :

1. Stratégie de Conformité Réglementaire : Une Feuille de Route pour Respecter les Règles

Un SMQ robuste commence par un plan clair pour la conformité. Les fournisseurs ont besoin d'une stratégie documentée décrivant comment ils respecteront les exigences de la loi européenne sur l'IA. Pensez-y comme à une feuille de route pour naviguer dans le paysage réglementaire, garantissant que le fournisseur reste sur le bon chemin et ne s'égare pas dans le territoire de la non-conformité.

Cette stratégie devrait englober divers aspects de la conformité, y compris :

- **Compréhension des exigences :** Une compréhension claire des exigences spécifiques de la loi sur l'IA pour les systèmes à haut risque, adaptée aux systèmes particuliers du fournisseur et à leurs usages prévus. Cela signifie aller au-delà d'une connaissance générale de la loi et se plonger dans les dispositions détaillées qui s'appliquent à leurs systèmes d'IA spécifiques.

- **Procédures d'évaluation de la conformité :** Des procédures documentées pour mener des évaluations de conformité, démontrant que les systèmes répondent aux exigences de la loi avant d'être mis sur le marché ou en service. Cela inclut l'identification des modules d'évaluation de conformité appropriés, la sélection

93

d'évaluateurs qualifiés (qu'ils soient internes ou externes), et l'établissement d'un processus clair pour documenter les résultats de l'évaluation.

- **Gestion de la non-conformité :** Des procédures pour traiter les situations où un système d'IA est trouvé non conforme aux exigences de la loi. Cela pourrait impliquer d'enquêter sur la cause de la non-conformité, de mettre en œuvre des actions correctives et de notifier les autorités compétentes si nécessaire.

- **Gestion des changements :** Un système pour gérer les changements apportés au système d'IA, garantissant que toute modification est évaluée pour son impact sur la conformité et que les mises à jour nécessaires de la documentation et des évaluations de conformité sont effectuées. Cela aide à prévenir une situation où un système initialement conforme devient non conforme après des changements.

Une stratégie de conformité réglementaire bien définie garantit que le fournisseur aborde le développement de l'IA avec la conformité à l'esprit dès le départ. Il s'agit de traiter de manière proactive les éventuels problèmes de conformité plutôt que de réagir aux problèmes après leur apparition.

2. Processus de Conception et de Développement : Intégrer la Qualité dès le Départ

Construire des systèmes d'IA dignes de confiance nécessite plus que de bonnes intentions ; cela nécessite des processus de conception et de développement robustes. Les fournisseurs ont besoin de procédures documentées qui guident chaque étape de la création du système d'IA, de la conception initiale aux tests et à la validation finaux. Pensez à ces procédures comme aux contrôles de qualité tout au long du développement du système, garantissant que chaque étape est réalisée avec précision et attention aux détails.

Ces procédures devraient couvrir divers aspects de la conception et du développement, y compris :

- **Collecte des exigences :** Un processus pour définir clairement les exigences du système, en tenant compte de l'usage prévu, des utilisateurs cibles, des risques potentiels et des considérations éthiques pertinentes. Cela garantit que le système est construit avec une compréhension claire de son objectif et de son impact potentiel.

- **Spécifications de conception :** Des spécifications documentées décrivant l'architecture, les algorithmes, les structures de données et autres détails techniques du système. Ces spécifications fournissent un plan directeur pour le développement du système, garantissant que tout le monde impliqué travaille vers un objectif commun.

- **Normes de codage :** Des lignes directrices pour écrire un code de haute qualité, maintenable et sécurisé. Cela pourrait impliquer l'utilisation de langages de codage spécifiques, le suivi des meilleures pratiques établies et la mise en œuvre de revues de code pour garantir la cohérence et la qualité.

- **Tests et validation :** Un plan complet de tests et de validation couvrant tous les aspects de la fonctionnalité du système, y compris sa précision, sa robustesse et sa cybersécurité. Ce plan devrait décrire les tests spécifiques à effectuer, les critères de réussite ou d'échec des tests, et les procédures pour documenter les résultats.

Ces procédures détaillées garantissent que le système d'IA est construit sur une base solide de qualité, réduisant la probabilité d'erreurs, de vulnérabilités et de conséquences imprévues.

3. Procédures de Gestion des Données : Gérer le Carburant de l'IA de Manière Responsable

Comme nous l'avons vu, les données sont le carburant des systèmes d'IA, en particulier ceux utilisant l'apprentissage automatique. La qualité, la pertinence et la représentativité des données impactent directement la performance et la fiabilité du système. Les fournisseurs ont besoin de procédures robustes pour gérer ces données tout au long de leur cycle de vie, garantissant qu'elles sont gérées de manière responsable, sécurisée et éthique.

Ces procédures devraient couvrir divers aspects de la gestion des données, y compris :

- **Acquisition des données :** Un processus pour acquérir des données de sources fiables, garantissant qu'elles sont pertinentes pour l'objectif prévu du système et qu'elles répondent aux critères de qualité de la loi. Cela pourrait impliquer d'établir des partenariats avec des fournisseurs de données, d'utiliser des ensembles de données publiquement disponibles ou de collecter des données directement auprès des utilisateurs avec leur consentement éclairé.

- **Stockage des données :** Des solutions de stockage sécurisées pour protéger les données contre les accès non autorisés, la perte ou la corruption. Cela pourrait impliquer l'utilisation de cryptage, de contrôles d'accès et de systèmes de sauvegarde.

- **Traitement des données :** Des procédures documentées pour traiter les données, y compris le nettoyage, l'étiquetage, l'anonymisation et la transformation en un format adapté au système d'IA. Ces procédures devraient être transparentes et auditées, permettant la surveillance et la responsabilité.

- **Partage des données :** Des politiques et procédures pour partager les données avec d'autres organisations ou individus, garantissant la conformité avec les réglementations de protection des données et les considérations éthiques. Cela pourrait impliquer l'anonymisation des données, l'obtention du consentement des sujets des données ou l'utilisation de plateformes de partage de données sécurisées.

- **Rétention et suppression des données :** Des politiques sur la durée de conservation des données et leur suppression lorsqu'elles ne sont plus nécessaires, garantissant la conformité avec les exigences légales et éthiques.

Ces procédures de gestion des données sont cruciales pour garantir que le système d'IA est construit sur une base de données fiables, réduisant le risque de biais, d'erreurs et de violations de la vie privée.

4. Système de Gestion des Risques : Identification et Atténuation Proactives des Risques Potentiels

Un composant central de tout SMQ pour les systèmes d'IA à haut risque est un système de gestion des risques complet. Ce système fournit un cadre pour identifier, évaluer et atténuer de manière proactive les risques potentiels tout au long du cycle de vie du système d'IA.

Comme discuté dans un chapitre précédent, un système de gestion des risques devrait englober :

- **Identification des risques :** Un processus pour identifier systématiquement les risques potentiels associés au système d'IA, en tenant compte de son usage prévu, de son impact potentiel sur les individus et la société, et des différentes manières dont il pourrait mal fonctionner ou être mal utilisé.

- **Évaluation des risques :** Une méthode pour évaluer la gravité et la probabilité de chaque risque identifié, en hiérarchisant ceux qui sont les plus susceptibles de se produire et qui ont le potentiel de causer les dommages les plus graves.

- **Atténuation des risques :** Un plan pour mettre en œuvre des mesures afin de réduire ou d'éliminer les risques identifiés, adapté aux risques spécifiques et au contexte dans lequel le système sera utilisé. Cela pourrait impliquer d'améliorer la qualité des données, d'améliorer la robustesse du système, de mettre en œuvre des mesures de supervision humaine, de renforcer la cybersécurité ou de développer des lignes directrices et des politiques claires pour l'usage du système.

- **Surveillance et révision des risques :** Une vigilance et une adaptation continues pour suivre la performance du système, collecter des données sur son fonctionnement et rechercher tout signe de problèmes potentiels. Cela implique d'analyser les journaux du système, de collecter les retours des utilisateurs et de surveiller les facteurs externes qui pourraient influencer le profil de risque du système.

Un système de gestion des risques bien conçu est un document vivant, évoluant constamment au fur et à mesure que le système d'IA se développe, est déployé et rencontre des défis du monde réel. C'est un outil clé pour garantir que le système reste sûr, fiable et digne de confiance tout au long de son cycle de vie.

5. Système de Surveillance Post-Marché : Apprendre de l'Expérience du Monde Réel

La loi européenne sur l'IA souligne que la conformité n'est pas un événement ponctuel ; c'est une responsabilité continue. Les fournisseurs doivent surveiller la performance de leurs systèmes d'IA à haut risque même après qu'ils ont été déployés et qu'ils fonctionnent dans le monde réel. Cette surveillance post-marché est cruciale pour identifier les risques émergents, évaluer l'efficacité des mesures d'atténuation et prendre des mesures correctives si nécessaire.

Un système de surveillance post-marché robuste devrait inclure des procédures pour :

- **Collecte des données :** Rassembler des informations sur la performance du système à partir de diverses sources, telles que les déployeurs, les utilisateurs et autres parties prenantes. Cela pourrait impliquer de collecter les retours des utilisateurs, d'analyser les journaux du système ou de mener des enquêtes.

- **Analyse des données :** Analyser les données collectées pour identifier les problèmes potentiels, les tendances ou les risques émergents. Cela pourrait impliquer de rechercher des modèles d'erreurs, de dysfonctionnements ou de comportements inattendus, ainsi que d'évaluer la performance du système par rapport à des métriques prédéfinies.

- **Actions correctives :** Mettre en œuvre des actions correctives pour traiter les problèmes ou risques identifiés. Cela pourrait impliquer de mettre à jour le logiciel du système, de fournir une formation supplémentaire aux déployeurs ou même de rappeler le système du marché.

- **Rapport aux autorités :** Signaler les incidents graves, les non-conformités et autres informations pertinentes aux autorités nationales responsables de la surveillance du marché. Cela garantit que les autorités sont conscientes des problèmes potentiels avec les systèmes d'IA à haut risque et peuvent prendre les mesures appropriées pour protéger le public.

6. Procédures de Rapport : Transparence et Responsabilité

La transparence et la responsabilité sont essentielles pour construire la confiance dans les systèmes d'IA. Les fournisseurs ont besoin de procédures claires pour rapporter les informations pertinentes aux régulateurs et autres parties prenantes. Ces informations pourraient inclure :

- **Rapports d'incidents graves :** Notification rapide de tout incident grave qui se produit, comme discuté dans le chapitre précédent. Ces rapports devraient inclure une description détaillée de l'incident, des causes potentielles et des actions prises pour traiter le problème.

- **Rapports de non-conformité :** Notification de toute situation où le système d'IA est trouvé non conforme aux exigences de la loi. Ces rapports devraient inclure une description de la non-conformité, des causes potentielles et des actions correctives prises.

- **Rapports de sécurité périodiques :** Rapports réguliers sur la performance de sécurité du système, résumant les données collectées par la surveillance post-marché, l'analyse de ces données et toute action prise pour traiter les risques identifiés.

- **Communication avec les autorités :** Procédures pour communiquer avec les autorités nationales responsables de la surveillance du marché, répondre aux enquêtes et fournir les informations et la documentation nécessaires pour démontrer la conformité.

7. Gestion des Ressources : Garantir une Capacité et une Expertise Adéquates

La mise en œuvre d'un SMQ robuste pour les systèmes d'IA à haut risque nécessite plus que des procédures et des politiques ; cela nécessite des ressources adéquates, y compris :

- **Personnel :** Les fournisseurs ont besoin d'une équipe d'individus qualifiés avec l'expertise nécessaire pour mettre en œuvre et maintenir le SMQ. Cela pourrait inclure des individus avec une expertise en développement d'IA, gestion des données, gestion des risques, cybersécurité et conformité réglementaire.

- **Ressources financières :** Les fournisseurs ont besoin de ressources financières adéquates pour soutenir la mise en œuvre et le maintien du SMQ. Cela pourrait impliquer d'investir dans la formation du personnel, d'embaucher des consultants externes ou d'acheter des outils logiciels spécialisés.

- **Infrastructure :** Les fournisseurs ont besoin de l'infrastructure nécessaire pour soutenir le SMQ, tels que des systèmes de stockage de données sécurisés, des environnements de tests et de validation, et des canaux de communication pour le rapport et la collaboration.

Adaptation du SMQ : Proportionnalité et Flexibilité

La loi européenne sur l'IA reconnaît qu'une approche unique de la gestion de la qualité n'est pas appropriée pour tous les fournisseurs. Elle permet une flexibilité pour adapter le SMQ aux besoins et ressources spécifiques de l'organisation, tout en garantissant que les éléments centraux d'un SMQ robuste sont en place.

Cette flexibilité permet aux fournisseurs de :

- **Se concentrer sur les exigences les plus pertinentes :** Les fournisseurs peuvent adapter leur SMQ pour se concentrer sur les exigences spécifiques de la loi sur l'IA qui sont les plus pertinentes pour leurs systèmes et leurs usages prévus.

- **Utiliser les systèmes de gestion de la qualité existants :** Les fournisseurs qui ont déjà des systèmes de gestion de la qualité établis pour d'autres aspects de leur entreprise peuvent intégrer les éléments spécifiques à l'IA dans leurs systèmes existants, évitant une duplication inutile des efforts.

- **Adapter le SMQ à la taille de l'organisation :** La loi reconnaît que le niveau de formalité et de documentation requis pour un SMQ devrait être proportionnel à la taille de l'organisation. Les petites organisations pourraient être en mesure de mettre en œuvre un SMQ plus simple et moins formel que les grandes organisations.

Les Avantages de la Mise en Œuvre d'un SMQ : Aller au-delà de la Conformité

La mise en œuvre d'un SMQ robuste pour les systèmes d'IA à haut risque ne concerne pas seulement la conformité réglementaire ; elle peut apporter des avantages significatifs aux fournisseurs, y compris :

- **Qualité et fiabilité améliorées :** Un SMQ aide à garantir que les systèmes d'IA sont conçus, développés et déployés avec un accent sur la qualité, conduisant à des systèmes plus fiables et dignes de confiance.

- **Risque réduit d'erreurs et de dysfonctionnements :** Un SMQ aide à prévenir les erreurs et les dysfonctionnements en intégrant des contrôles de qualité tout au long du cycle de vie du système.

- **Satisfaction accrue des clients :** Les systèmes d'IA de haute qualité sont plus susceptibles de répondre aux besoins des utilisateurs, conduisant à une plus grande satisfaction et loyauté des clients.

- **Réputation améliorée :** Un fort engagement envers la gestion de la qualité peut améliorer la réputation d'un fournisseur, construisant la confiance avec les clients, les régulateurs et autres parties prenantes.

- **Responsabilité réduite :** Un SMQ peut aider à réduire le risque de responsabilité légale en démontrant qu'un fournisseur a adopté une approche systématique et proactive de la conformité et de la gestion des risques.

- **Amélioration continue :** Un SMQ fournit un cadre pour l'amélioration continue, permettant aux fournisseurs d'apprendre de leurs expériences, d'identifier des domaines d'amélioration et, en fin de compte, de rendre leurs systèmes d'IA encore plus dignes de confiance.

SMQ : Une Pierre Angulaire de l'IA Digne de Confiance

Les systèmes de management de la qualité sont un outil essentiel pour construire des systèmes d'IA dignes de confiance. Ils fournissent un cadre pour intégrer la qualité à chaque étape du cycle de vie du système d'IA, garantissant que les systèmes à haut risque sont développés et déployés de manière responsable.

Les exigences de la loi européenne sur l'IA pour les SMQ ne concernent pas seulement la conformité réglementaire ; elles concernent la création d'une culture de qualité au sein des organisations qui développent des systèmes d'IA, promouvant une approche proactive et systématique de la gestion des risques, de la gouvernance des données, de la transparence et de la responsabilité. En mettant en œuvre des SMQ robustes, les fournisseurs peuvent démontrer leur engagement envers une IA digne de confiance, contribuer à un écosystème d'IA plus responsable et éthique, et, en fin de compte, construire la confiance dans la technologie de l'IA.

CHAPITRE TREIZE : Documentation Technique et Tenue des Registres : Permettre la Traçabilité

Nous avons vu comment la loi européenne sur l'IA établit un cadre pour une IA digne de confiance, avec un fort accent sur la gestion des risques, la qualité des données, la transparence, la supervision humaine, la précision, la robustesse et la cybersécurité. Mais comment vérifions-nous réellement que les systèmes d'IA à haut risque répondent à ces exigences strictes ? Comment nous assurons-nous que les fournisseurs suivent les règles et que leurs systèmes fonctionnent comme prévu ?

C'est là que la documentation technique et la tenue des registres jouent un rôle crucial. Considérez la documentation technique comme un enregistrement détaillé de la conception, du développement et des tests du système d'IA. C'est comme un manuel complet qui explique le fonctionnement du système, les données qu'il utilise, les décisions qu'il prend et les garanties qui ont été mises en place pour atténuer les risques potentiels.

La tenue des registres, en revanche, implique de maintenir un journal du fonctionnement du système, capturant les événements clés, les décisions et les indicateurs de performance. C'est comme un journal qui chronique le parcours du système dans le monde réel, fournissant une piste de preuves qui peuvent être utilisées pour évaluer ses performances, identifier les problèmes potentiels et démontrer la conformité aux exigences de la loi.

Ensemble, la documentation technique et la tenue des registres fournissent un outil puissant pour permettre la traçabilité. Ils permettent aux régulateurs, aux auditeurs et aux autres parties prenantes de tracer le développement, le déploiement et le fonctionnement du système, fournissant une image claire de sa fonctionnalité, de son impact et de sa conformité avec les exigences de la loi.

Documentation Technique : Un Plan pour une IA Digne de Confiance

La loi européenne sur l'IA oblige les fournisseurs de systèmes d'IA à haut risque à établir une documentation technique complète avant de mettre ces systèmes sur le marché ou de les mettre en service. Cette documentation doit être tenue à jour tout au long du cycle de vie du système, reflétant tous les changements ou mises à jour apportés au système.

Considérez cette documentation comme un plan pour une IA digne de confiance, fournissant un enregistrement détaillé de la conception, du développement et des tests du système. Elle sert à plusieurs fins cruciales :

- **Démonstration de conformité :** La documentation technique fournit la preuve que le fournisseur a adopté une approche systématique et approfondie pour développer un système d'IA digne de confiance. Elle montre qu'ils ont pris en compte les exigences de la loi et mis en place des mesures appropriées pour atténuer les risques potentiels.

- **Facilitation des audits et des inspections :** La documentation technique fournit aux régulateurs et aux auditeurs les informations dont ils ont besoin pour évaluer la conformité du système avec les exigences de la loi. Elle leur permet de comprendre la fonctionnalité du système, ses pratiques de gestion des données, ses processus de gestion des risques et les garanties qui ont été mises en place.

- **Permettre la traçabilité :** La documentation technique permet aux parties prenantes de tracer le développement, le déploiement et le fonctionnement du système. Cela aide à identifier la source des problèmes, à évaluer l'impact des changements apportés au système et à tenir les fournisseurs responsables de leurs systèmes.

- **Informer les déployeurs et les utilisateurs :** La documentation technique peut également être utilisée pour informer les déployeurs et les utilisateurs sur la fonctionnalité du système, ses capacités et ses limitations, ainsi que sur les procédures pour son utilisation sûre et responsable.

Éléments Clés de la Documentation Technique : Un Enregistrement Complet

La loi européenne sur l'IA décrit des éléments spécifiques qui doivent être inclus dans la documentation technique des systèmes d'IA à haut risque. Ces éléments couvrent une large gamme de sujets, fournissant un enregistrement complet du développement, du déploiement et du fonctionnement du système.

Explorons ces éléments clés :

1. Description Générale : Un Aperçu du Système

La documentation technique doit commencer par une description générale du système d'IA, fournissant un aperçu de ses caractéristiques clés et de son utilisation prévue. Cette description doit inclure :

- **Objectif prévu :** Une déclaration claire de l'utilisation prévue du système, spécifiant les tâches qu'il est conçu pour accomplir, les utilisateurs cibles et les résultats attendus.

- **Nom et version du système :** Un identifiant unique pour le système, y compris son numéro de version, pour le distinguer des autres systèmes et suivre les changements au fil du temps.

- **Informations sur le fournisseur :** Le nom et les coordonnées du fournisseur, y compris son adresse et tout numéro d'enregistrement ou d'autorisation pertinent.

- **Exigences matérielles et logicielles :** Une description du matériel et des logiciels nécessaires pour exécuter le système, y compris le système d'exploitation, la puissance de traitement requise et tout composant matériel spécialisé.

- **Architecture du système :** Un aperçu de haut niveau de l'architecture du système, montrant les composants principaux et leurs interactions.

- **Interface utilisateur :** Une description de l'interface utilisateur, y compris les entrées et sorties du système et la manière dont les utilisateurs interagissent avec lui.

Cette description générale fournit une compréhension de haut niveau du système, préparant le terrain pour les informations plus détaillées qui suivent.

2. Description Détaillée : Décortiquer le Fonctionnement Interne du Système

La documentation technique doit également inclure une description détaillée du processus de conception et de développement du système d'IA. Cette description doit fournir une plongée en profondeur dans le fonctionnement interne du système, expliquant comment il prend des décisions et les facteurs qui influencent ses sorties.

Cette section doit couvrir divers aspects du développement du système, y compris :

- **Méthodes de développement :** Une description des méthodes et techniques utilisées pour développer le système, y compris tout modèle ou outil pré-entraîné utilisé et comment ils ont été intégrés ou modifiés par le fournisseur. Ces informations aident à comprendre les origines du système et ses éventuelles limitations.

- **Spécifications de conception :** Des spécifications détaillées décrivant les algorithmes, les structures de données et autres détails techniques du système. Ces spécifications fournissent un plan pour le développement du système, garantissant que tous les intervenants travaillent vers un objectif commun.

- **Données d'entraînement :** Une description détaillée des données utilisées pour entraîner le système, y compris leurs sources, leurs caractéristiques (telles que la taille, le format et la qualité) et toute étape de prétraitement effectuée. Ces informations sont cruciales pour comprendre les capacités du système et ses éventuels biais.

- **Validation et tests :** Une description des procédures de validation et de test utilisées pour évaluer les performances du système, y compris les mesures utilisées pour mesurer sa précision, sa robustesse et son équité. Ces informations fournissent la preuve que le système a été rigoureusement évalué et qu'il répond aux exigences de la loi.

- **Mesures de supervision humaine :** Une description détaillée des mesures de supervision humaine nécessaires pour une utilisation sûre et responsable du système, y compris les rôles et responsabilités des opérateurs humains, les procédures d'intervention humaine et la formation dont les opérateurs ont besoin pour superviser efficacement le système.

- **Mesures de cybersécurité :** Une description des mesures de cybersécurité mises en place pour protéger le système contre les attaques, y compris les mécanismes de contrôle d'accès, les protocoles de cryptage et les procédures de détection des vulnérabilités.

Cette description détaillée fournit une compréhension approfondie de la conception et du développement du système, permettant aux régulateurs et aux auditeurs d'évaluer sa conformité avec les exigences de la loi et d'identifier les vulnérabilités ou biais potentiels.

3. Surveillance, Fonctionnement et Contrôle : Suivre le Fonctionnement du Système

La documentation technique doit également inclure des informations sur la manière dont le système d'IA est surveillé, son fonctionnement en pratique et les mécanismes de contrôle de son comportement. Cette section doit couvrir :

- **Indicateurs de performance :** Une description des indicateurs de performance du système, y compris sa précision, sa robustesse et son équité, et comment ces indicateurs sont mesurés et surveillés au fil du temps. Ces informations permettent aux déployeurs et aux utilisateurs de comprendre les capacités et les limitations du système et de suivre ses performances en conditions réelles.

- **Résultats et risques imprévus :** Une description de tous les résultats et risques imprévus prévisibles associés à l'utilisation du système, compte tenu de son objectif prévu, de son impact potentiel sur les individus et la société, et des diverses manières dont il pourrait mal fonctionner ou être mal utilisé.

- **Procédures de supervision humaine :** Des procédures détaillées pour la mise en œuvre de la supervision humaine, y compris les rôles et responsabilités des opérateurs humains, les procédures d'intervention humaine et la formation dont les opérateurs ont besoin pour superviser efficacement le système. Ces informations aident les déployeurs à mettre en place des mécanismes de supervision efficaces et à garantir que les humains restent en contrôle du fonctionnement du système.

- **Spécifications des données d'entrée :** Des spécifications claires pour les données d'entrée dont le système a besoin pour fonctionner correctement, y compris le type, le format, la qualité et la quantité de données nécessaires. Ces informations aident les déployeurs à s'assurer qu'ils alimentent le système avec des données appropriées et que les données répondent aux critères de qualité de la loi.

Cette section de la documentation technique fournit une image claire du fonctionnement du système en pratique, des risques potentiels associés à son utilisation et des mécanismes de contrôle de son comportement.

4. Système de Gestion des Risques : Un Enregistrement Détaillé des Stratégies d'Atténuation des Risques

La documentation technique doit également inclure une description détaillée du système de gestion des risques mis en place pour le système d'IA à haut risque. Comme discuté dans un chapitre précédent, ce système doit englober :

- **Identification des risques :** Une liste complète des risques potentiels associés au système, compte tenu de son utilisation prévue, de son impact potentiel sur les individus et la société, et des diverses manières dont il pourrait mal fonctionner ou être mal utilisé.

- **Évaluation des risques :** Une évaluation détaillée de chaque risque identifié, évaluant sa gravité et sa probabilité et hiérarchisant ceux qui sont les plus susceptibles de se produire et qui ont le potentiel de causer le plus de dommages.

- **Atténuation des risques :** Une description des mesures spécifiques mises en place pour réduire ou éliminer les risques identifiés, adaptées aux risques spécifiques et au contexte dans lequel le système sera utilisé. Cela peut impliquer l'amélioration de la qualité des données, le renforcement de la robustesse du système, la mise en place de mesures de supervision humaine, le renforcement de la cybersécurité ou le développement de directives et de politiques claires pour l'utilisation du système.

- **Surveillance et révision des risques :** Une description des procédures de surveillance et de révision de l'efficacité du système de gestion des risques, y compris les mesures utilisées pour suivre les performances du système et les mécanismes d'identification et de traitement des risques émergents.

Cet enregistrement complet du système de gestion des risques fournit la preuve que le fournisseur a adopté une approche proactive et systématique pour atténuer les éventuels dommages associés au système d'IA.

5. Normes et Spécifications : Garantir l'Interopérabilité et la Conformité

La documentation technique doit également lister les normes et spécifications auxquelles le système d'IA se conforme. Cela inclut :

- **Normes harmonisées :** Normes développées par des organisations européennes de normalisation et publiées au Journal officiel de l'Union européenne. Ces normes fournissent des spécifications techniques pour les systèmes d'IA, garantissant l'interopérabilité et facilitant la conformité avec les exigences de la loi.

- **Spécifications communes :** Spécifications techniques établies par la Commission européenne dans les cas où les normes harmonisées n'existent pas ou ne sont pas suffisantes pour répondre aux exigences de la loi.

- **Autres normes et spécifications pertinentes :** Toute autre norme ou spécification à laquelle le système se conforme, telle que les normes industrielles ou les meilleures pratiques.

Ces informations aident à garantir que le système d'IA est compatible avec d'autres systèmes, qu'il répond à des normes de qualité reconnues et qu'il est conforme aux exigences de la loi.

6. Déclaration de Conformité de l'UE : Une Déclaration Formelle de Conformité

La documentation technique doit également inclure une copie de la déclaration de conformité de l'UE. Il s'agit d'un document formel émis par le fournisseur, déclarant que le système d'IA à haut risque est conforme aux exigences de la loi. La déclaration de conformité inclut :

- **Identification du système :** Une identification claire du système d'IA, y compris son nom, son numéro de version et tout autre identifiant pertinent.

- **Déclaration de conformité :** Une déclaration selon laquelle le système est conforme aux exigences applicables de la loi sur l'IA.

- **Normes et spécifications :** Une liste des normes harmonisées, des spécifications communes et d'autres normes et spécifications pertinentes auxquelles le système se conforme.

- **Informations sur l'évaluation de conformité :** Informations sur la procédure d'évaluation de conformité qui a été menée, y compris le nom et le numéro d'identification de l'organisme notifié (le cas échéant) et la date de l'évaluation.

- **Informations sur le fournisseur :** Le nom, l'adresse et les coordonnées du fournisseur.

- **Signature :** La signature d'un représentant autorisé du fournisseur, indiquant sa responsabilité pour la déclaration de conformité.

La déclaration de conformité de l'UE est un document crucial qui démontre la responsabilité juridique du fournisseur pour la conformité du système avec les exigences de la loi.

7. Plan de Surveillance Post-Marché : Garantir la Sécurité et la Fiabilité Continues

La documentation technique doit également inclure une description détaillée du plan de surveillance post-marché établi pour le système d'IA à haut risque. Comme discuté dans un chapitre précédent, ce plan doit détailler les procédures pour :

- **Collecte d'informations :** Recueillir des informations sur les performances du système auprès de diverses sources, telles que les déployeurs, les utilisateurs et d'autres parties prenantes. Cela peut impliquer la collecte de retours d'utilisateurs, l'analyse des journaux du système ou la réalisation d'enquêtes.

- **Analyse des informations :** Analyser les informations collectées pour identifier les problèmes potentiels, les tendances ou les risques émergents. Cela peut impliquer de rechercher des schémas d'erreurs, de dysfonctionnements ou de comportements inattendus, ainsi que d'évaluer les performances du système par rapport à des mesures prédéfinies.

- **Actions correctives :** Mettre en œuvre des actions correctives pour traiter les problèmes ou risques identifiés. Cela peut impliquer la mise à jour du logiciel du système, la fourniture d'une formation supplémentaire aux déployeurs ou le rappel du système du marché.

- **Rapport aux autorités :** Signaler les incidents graves, les non-conformités et autres informations pertinentes aux autorités nationales responsables de la surveillance du marché. Cela garantit que les autorités sont conscientes des problèmes potentiels avec les systèmes d'IA à haut risque et peuvent prendre des mesures appropriées pour protéger le public.

Le plan de surveillance post-marché fournit la preuve que le fournisseur s'engage à garantir la sécurité et la fiabilité continues du système d'IA après son déploiement.

Documentation Technique Simplifiée : Réduction de la Charge pour les PME

La loi européenne sur l'IA reconnaît que les exigences en matière de documentation technique peuvent être lourdes pour les petites et moyennes entreprises (PME), qui peuvent ne pas avoir les mêmes ressources que les grandes organisations. Pour répondre à cette préoccupation, la loi permet aux PME de fournir la documentation technique de manière simplifiée.

Les exigences spécifiques pour la documentation technique simplifiée ne sont pas explicitement définies dans la loi, mais elles impliquent généralement de fournir les mêmes informations que dans la documentation technique standard, mais de manière plus concise et moins formelle. Par exemple, une PME pourrait être en mesure de fournir un aperçu de haut niveau de l'architecture du système au lieu d'un diagramme détaillé, ou elle pourrait être en mesure de résumer ses processus de gestion des risques au lieu de fournir une liste complète de tous les risques identifiés.

L'objectif de la documentation technique simplifiée est de réduire la charge administrative des PME sans compromettre les principes fondamentaux de transparence et de responsabilité.

Tenue des Registres : Chronicler le Parcours du Système

En plus de la documentation technique, la loi européenne sur l'IA oblige les fournisseurs et déployeurs de systèmes d'IA à haut risque à tenir des registres détaillés du fonctionnement du système. Cette tenue des registres est cruciale pour surveiller les performances du système, identifier les problèmes potentiels et démontrer la conformité avec les exigences de la loi.

Types de Registres : Capturer les Événements et Mesures Clés

La loi sur l'IA n'impose pas un format ou un contenu spécifique pour tous les registres, mais elle souligne l'importance de capturer les événements et mesures clés liés au fonctionnement du système. Ces registres peuvent inclure :

- **Journaux du système :** Les journaux sont des enregistrements générés automatiquement qui capturent les événements liés au fonctionnement du système, tels que les interactions des utilisateurs, les erreurs du système et les changements dans la configuration du système. Les journaux fournissent un enregistrement chronologique détaillé de l'activité du système, qui peut être utilisé pour identifier des schémas, dépanner des problèmes et fournir des preuves de conformité.

- **Enregistrements des données d'entrée :** Enregistrements des données d'entrée alimentées dans le système, y compris leur source, leurs caractéristiques et toute étape de prétraitement effectuée. Ces informations aident à garantir que les données répondent aux critères de qualité de la loi et qu'elles sont traitées de manière responsable.

- **Enregistrements des données de sortie :** Enregistrements des sorties du système, y compris ses prédictions, classifications, recommandations et toute autre décision qu'il prend. Ces enregistrements peuvent être utilisés pour évaluer la précision et l'équité du système et pour identifier les éventuels biais.

- **Enregistrements de la supervision humaine :** Enregistrements de toute intervention humaine dans le fonctionnement du système, y compris les raisons de l'intervention, les actions entreprises et les résultats. Ces enregistrements aident à démontrer que la supervision humaine est mise en œuvre efficacement et que les humains conservent le contrôle du fonctionnement du système.

- **Indicateurs de performance :** Enregistrements des performances du système par rapport à des mesures prédéfinies, telles que sa précision, sa robustesse et son équité. Ces enregistrements permettent aux déployeurs et aux utilisateurs de suivre les performances du système au fil du temps et d'identifier toute dégradation des performances.

- **Journaux des incidents de sécurité :** Enregistrements de tout incident de cybersécurité, y compris les tentatives d'attaque, les violations de données et les dysfonctionnements du système. Ces journaux fournissent une piste de preuves qui peut être utilisée pour enquêter sur l'incident, identifier la source du problème et mettre en œuvre des actions correctives.

Conservation des Données : Équilibrer Transparence et Vie Privée

La loi européenne sur l'IA oblige les fournisseurs et les déployeurs à conserver des registres pendant une période proportionnelle au risque posé par le système d'IA. Les périodes de conservation spécifiques ne sont pas explicitement définies dans la loi, mais elles doivent être suffisamment longues pour permettre une surveillance, un audit et une enquête efficaces, tout en tenant compte des exigences de protection des données et des implications potentielles de la conservation de données sensibles sur la vie privée.

Accessibilité et Sécurité : Garantir que les Registres sont Disponibles Quand Nécessaire

Les registres doivent être stockés de manière sécurisée et accessible, garantissant qu'ils sont disponibles lorsqu'ils sont nécessaires pour la surveillance, l'audit ou l'enquête. Cela peut impliquer l'utilisation de systèmes de stockage de données sécurisés, la mise en place de contrôles d'accès et la création de sauvegardes pour prévenir la perte de données.

L'Importance de la Tenue des Registres : Transparence, Responsabilité et Amélioration Continue

La tenue des registres joue un rôle vital dans la garantie de la fiabilité des systèmes d'IA à haut risque. Elle permet :

- **Transparence :** Les registres fournissent une image claire du fonctionnement du système, permettant aux régulateurs, aux auditeurs et aux autres parties prenantes de comprendre sa fonctionnalité, son impact et sa conformité avec les exigences de la loi.

- **Responsabilité :** Les registres fournissent une piste de preuves qui peut être utilisée pour tenir les fournisseurs et les déployeurs responsables de leurs systèmes. Cela aide à garantir qu'ils prennent leurs responsabilités au sérieux et qu'ils traitent les problèmes qui surviennent.

- **Amélioration continue :** Les registres peuvent être utilisés pour identifier des domaines d'amélioration, tels que des schémas d'erreurs, de dysfonctionnements ou de conséquences imprévues. Ces informations peuvent ensuite être utilisées pour affiner la conception du système, ajuster ses paramètres de fonctionnement ou mettre en œuvre des garanties supplémentaires.

Documentation Technique et Tenue des Registres : Travailler Ensemble pour Permettre la Traçabilité

La documentation technique et la tenue des registres sont des éléments complémentaires d'une approche complète pour garantir la fiabilité des systèmes d'IA à haut risque. La documentation technique fournit un plan pour la conception et le développement du système, tandis que la tenue des registres chronique son parcours dans le monde réel.

Ensemble, elles fournissent un outil puissant pour permettre la traçabilité, permettant aux parties prenantes de tracer le développement, le déploiement et le fonctionnement du système.

Cette traçabilité est cruciale pour garantir que les systèmes d'IA à haut risque sont développés et déployés de manière responsable, qu'ils répondent aux exigences strictes de la loi européenne sur l'IA et qu'ils contribuent à un avenir où l'IA est une force pour le bien.

CHAPITRE QUATORZE : Représentants Autorisés : Combler le Fossé pour les Fournisseurs Internationaux

L'Acte Européen sur l'IA vise à créer un marché unique pour une IA digne de confiance au sein de l'Union Européenne. Mais le monde du développement de l'IA ne s'arrête pas aux frontières de l'UE. De nombreuses entreprises créant des systèmes d'IA sont basées en dehors de l'UE, dans des pays comme les États-Unis, la Chine, le Japon, et d'autres. Comment l'Acte traite-t-il ces fournisseurs internationaux qui souhaitent rendre leurs systèmes d'IA disponibles pour les utilisateurs au sein de l'UE ?

La réponse réside dans le concept de représentants autorisés. L'Acte sur l'IA exige que les fournisseurs basés en dehors de l'UE nomment un représentant autorisé au sein de l'UE s'ils souhaitent placer leurs systèmes d'IA à haut risque sur le marché de l'UE ou les mettre en service pour les utilisateurs de l'UE. Pensez à ce représentant comme un pont reliant le fournisseur international au cadre réglementaire de l'UE.

Le représentant autorisé agit au nom du fournisseur, garantissant que les systèmes d'IA à haut risque du fournisseur sont conformes aux exigences de l'Acte et servant de point de contact pour les régulateurs de l'UE et autres parties prenantes. C'est un rôle crucial qui aide à équilibrer les règles du jeu, garantissant que tous les systèmes d'IA à haut risque utilisés au sein de l'UE, quelle que soit leur origine, sont soumis aux mêmes normes élevées de sécurité, d'équité et de fiabilité.

Combler la Distance : Pourquoi les Représentants Autorisés Sont Essentiels

L'exigence de représentants autorisés découle de plusieurs considérations pratiques :

- **Présence physique :** Les régulateurs de l'UE ont besoin d'une présence physique au sein de l'UE pour appliquer efficacement l'Acte sur l'IA. Un représentant autorisé fournit un point de contact au sein de l'UE avec lequel les régulateurs peuvent interagir, garantissant que les fournisseurs basés en dehors de l'UE ne sont pas hors de portée de la loi.

- **Compréhension linguistique et culturelle :** Naviguer dans le paysage réglementaire de l'UE peut être complexe, surtout pour les entreprises non familières avec les lois et règlements de l'UE. Un représentant autorisé avec une compréhension approfondie de la loi et des procédures de l'UE peut aider les fournisseurs internationaux à comprendre leurs obligations et à se conformer aux exigences de l'Acte.

- **Communication et coordination :** Une communication et une coordination efficaces sont essentielles pour garantir la conformité avec l'Acte sur l'IA. Un représentant autorisé peut faciliter la communication entre le fournisseur international et les régulateurs de l'UE, garantissant que les informations sont échangées efficacement et que tout problème est traité rapidement.

- **Confiance et responsabilité :** Nommer un représentant autorisé démontre un engagement à se conformer à l'Acte sur l'IA. Cela montre que le fournisseur international prend ses responsabilités au sérieux et qu'il est prêt à travailler dans le cadre réglementaire de l'UE.

Responsabilités des Représentants Autorisés : Un Rôle Multifacette

Le représentant autorisé joue un rôle multifacette, agissant comme intermédiaire entre le fournisseur international et les régulateurs de l'UE, ainsi que garant de la conformité. Leurs responsabilités englobent divers aspects du cycle de vie du système d'IA, de l'évaluation de conformité pré-marché à la surveillance et au reporting post-marché.

Décomposons ces responsabilités clés :

1. Vérification de la Documentation de Conformité : Garantir que la Paperasse est en Ordre

Avant qu'un système d'IA à haut risque puisse être placé sur le marché de l'UE ou mis en service, il doit subir une procédure d'évaluation de conformité pour démontrer qu'il répond aux exigences de l'Acte. Le représentant autorisé est responsable de vérifier que le fournisseur a effectué la procédure d'évaluation de conformité appropriée et que la documentation nécessaire est en ordre.

Cela implique de réviser la documentation technique, qui, comme nous l'avons vu dans le chapitre précédent, inclut des informations détaillées sur la conception, le développement, les tests, la gestion des risques et le plan de surveillance post-marché du système. Le représentant autorisé doit garantir que cette documentation est complète, exacte et répond aux exigences de l'Acte. Il peut également être nécessaire de réviser la déclaration de conformité de l'UE, qui est une déclaration formelle du fournisseur que le système est conforme aux exigences de l'Acte.

2. Tenue des Dossiers : Fournir l'Accès à des Informations Cruciales

Le représentant autorisé est également responsable de conserver des copies des documents clés de conformité et de les rendre disponibles aux régulateurs de l'UE sur demande. Cela inclut :

- **Documentation technique :** Le représentant autorisé doit conserver une copie de la documentation technique du système d'IA, garantissant qu'elle est à jour et reflète tout changement apporté au système.

- **Déclaration de conformité de l'UE :** Le représentant autorisé doit conserver une copie de la déclaration de conformité de l'UE, qui est une déclaration formelle du fournisseur que le système est conforme aux exigences de l'Acte.

- **Certificats d'évaluation de conformité :** Si l'évaluation de conformité a été effectuée par un organisme notifié tiers, le représentant autorisé doit conserver une copie des certificats délivrés par l'organisme notifié.

Ces dossiers fournissent une traçabilité qui peut être utilisée pour démontrer la conformité à l'Acte sur l'IA et pour tracer le développement, le déploiement et l'exploitation du système.

3. Fourniture d'Informations aux Autorités : Faciliter la Communication et la Transparence

Le représentant autorisé agit comme point de contact pour les régulateurs de l'UE, leur fournissant les informations dont ils ont besoin pour évaluer la conformité du système d'IA et pour surveiller ses performances. Cela inclut :

- **Répondre aux demandes :** Le représentant autorisé doit répondre rapidement aux demandes des régulateurs concernant le système d'IA, fournissant les informations et la documentation nécessaires pour démontrer la conformité.

- **Faciliter les inspections et les audits :** Le représentant autorisé peut avoir besoin de faciliter les inspections ou les audits des installations ou des processus du fournisseur par les régulateurs de l'UE. Cela peut impliquer de coordonner la logistique de l'inspection, de fournir l'accès au personnel et à la documentation pertinents, et de traduire la communication entre le fournisseur et les régulateurs.

- **Signalement des incidents graves :** Le représentant autorisé est responsable de signaler tout incident grave survenant avec le système d'IA aux régulateurs de l'UE. Cela garantit que les autorités sont conscientes des problèmes potentiels avec le système et peuvent prendre les mesures appropriées pour protéger le public.

4. Coopération avec les Autorités : Traiter les Problèmes de Conformité

Le représentant autorisé doit coopérer avec les régulateurs de l'UE pour traiter tout problème de conformité survenant avec le système d'IA. Cela peut impliquer :

- **Mise en œuvre des actions correctives :** Si le système d'IA est jugé non conforme aux exigences de l'Acte, le représentant autorisé doit travailler avec le fournisseur pour mettre en œuvre des actions correctives afin de traiter les problèmes. Cela peut impliquer de mettre à jour le logiciel du système, de fournir une formation supplémentaire aux déployeurs, ou même de rappeler le système du marché.

- **Facilitation des enquêtes :** Le représentant autorisé peut avoir besoin de coopérer avec les régulateurs dans les enquêtes sur les non-conformités potentielles ou les incidents graves. Cela peut impliquer de fournir l'accès au personnel et à la documentation pertinents, de faciliter la communication entre le fournisseur et les régulateurs, et de coordonner la logistique de l'enquête.

5. Maintenir le Contact avec le Fournisseur : Garantir une Communication et un Alignement Continus

Le représentant autorisé doit maintenir un contact régulier avec le fournisseur international, garantissant qu'ils sont informés de tout changement apporté au système d'IA, de tout risque émergent et de tout problème de conformité survenant. Cette communication est essentielle pour garantir que le représentant autorisé peut efficacement remplir son rôle et que les systèmes d'IA du fournisseur restent conformes à l'Acte sur l'IA.

Sélection d'un Représentant Autorisé : Choisir le Bon Partenaire

Choisir un représentant autorisé est une décision importante pour les fournisseurs internationaux. Ils doivent sélectionner un partenaire qui possède :

- **Expertise en droit et règlements de l'UE :** Le représentant autorisé doit avoir une compréhension approfondie de l'Acte sur l'IA de l'UE et d'autres lois et règlements pertinents de l'UE.

- **Expérience avec les systèmes d'IA :** Le représentant autorisé doit avoir de l'expérience dans le travail avec les systèmes d'IA, idéalement dans le même secteur ou domaine que les systèmes du fournisseur.

- **Compétences solides en communication et en coordination :** Le représentant autorisé doit pouvoir communiquer efficacement à la fois avec le fournisseur et les régulateurs de l'UE, facilitant l'échange d'informations et résolvant les problèmes rapidement.

- **Engagement envers la conformité :** Le représentant autorisé doit s'engager à garantir que les systèmes d'IA du fournisseur sont conformes aux exigences de l'Acte sur l'IA.

Le Rôle du Mandat : Définir les Responsabilités et l'Autorité

La relation entre le fournisseur international et le représentant autorisé est formalisée par un mandat écrit. Le mandat détaille les responsabilités et l'autorité spécifiques du représentant autorisé, garantissant qu'il a le statut juridique pour agir au nom du fournisseur en relation avec l'Acte sur l'IA.

Le mandat doit clairement définir :

- **La portée de la représentation :** Les systèmes d'IA spécifiques dont le représentant autorisé est responsable.

- **Les responsabilités du représentant autorisé :** Les tâches spécifiques que le représentant autorisé est autorisé à effectuer, telles que la vérification de la documentation de conformité, la tenue des dossiers, la fourniture d'informations aux autorités, la coopération avec les enquêtes et le signalement des incidents graves.

- **La durée du mandat :** La période de temps pendant laquelle le mandat est valide.

- **La résiliation du mandat :** Les circonstances dans lesquelles le mandat peut être résilié, telles que si le fournisseur ne se conforme pas aux exigences de l'Acte sur l'IA ou si le représentant autorisé estime qu'il n'est plus en mesure d'effectuer efficacement son rôle.

Le mandat doit être signé à la fois par le fournisseur international et le représentant autorisé, et il doit être mis à disposition des régulateurs de l'UE sur demande.

Représentants Autorisés : Garantir un Terrain de Jeu Équitable pour une IA Digne de Confiance

L'exigence de représentants autorisés est un élément crucial du cadre de l'Acte sur l'IA de l'UE pour une IA digne de confiance. Il aide à garantir que tous les systèmes d'IA à haut risque utilisés au sein de l'UE, quelle que soit leur origine, sont soumis aux mêmes normes élevées de sécurité, d'équité et de fiabilité.

En nommant un représentant autorisé, les fournisseurs internationaux démontrent leur engagement à se conformer à l'Acte sur l'IA et à contribuer à un écosystème d'IA responsable et éthique au sein de l'UE. Les représentants autorisés jouent un rôle vital en comblant le fossé entre les fournisseurs internationaux et les régulateurs de l'UE, en facilitant la communication, en garantissant la conformité et en promouvant finalement la confiance dans la technologie de l'IA.

CHAPITRE QUINZE : Importateurs et Distributeurs : Leur Rôle dans la Chaîne de Valeur de l'IA

Nous avons exploré les rôles cruciaux des fournisseurs d'IA et leurs obligations en vertu de la loi européenne sur l'IA. Mais le parcours d'un système d'IA, de sa création à son déploiement, implique souvent plus que le simple fournisseur. Pensez-y comme une course de relais : le fournisseur commence la course en développant le système, mais d'autres coureurs doivent porter le témoin jusqu'à la ligne d'arrivée. Dans le monde de l'IA, ces autres coureurs sont les importateurs et les distributeurs, les entreprises qui introduisent les systèmes d'IA de l'extérieur de l'UE sur le marché de l'UE et les rendent disponibles aux déployeurs et aux utilisateurs.

La loi européenne sur l'IA reconnaît que les importateurs et les distributeurs jouent un rôle significatif dans l'assurance de la fiabilité des systèmes d'IA. Ils agissent comme des gardiens, garantissant que seuls les systèmes conformes entrent sur le marché de l'UE et que ces systèmes parviennent aux déployeurs avec les informations nécessaires pour les utiliser en toute sécurité et de manière éthique. La loi impose des obligations spécifiques aux importateurs et aux distributeurs, les tenant responsables des systèmes qu'ils manipulent et renforçant l'engagement de l'UE envers un écosystème d'IA sûr et fiable.

Examinons les rôles des importateurs et des distributeurs ainsi que leurs obligations spécifiques en vertu de la loi sur l'IA.

Importateurs : Le Premier Point d'Entrée sur le Marché de l'UE

Les importateurs sont les entreprises qui introduisent les systèmes d'IA de l'extérieur de l'UE sur le marché de l'UE. Ils sont le premier point d'entrée pour ces systèmes, ceux qui les transportent physiquement à travers les frontières et les rendent disponibles aux distributeurs et déployeurs au sein de l'UE.

Les importateurs agissent comme des gardiens, garantissant que seuls les systèmes d'IA conformes entrent sur le marché de l'UE. Cela signifie qu'ils ont la responsabilité de vérifier que les systèmes qu'ils importent répondent aux exigences de la loi, en particulier celles concernant les systèmes d'IA à haut risque. Ils ont également l'obligation de fournir des informations pertinentes aux autorités et de coopérer avec les actions d'exécution si nécessaire.

Obligations des Importateurs : Diligence Raisonnable et Vérification de la Conformité

La loi européenne sur l'IA impose plusieurs obligations clés aux importateurs de systèmes d'IA à haut risque :

1. Vérification Pré-Marché : Garantir la Conformité Avant l'Entrée

Avant de placer un système d'IA à haut risque sur le marché de l'UE, les importateurs doivent effectuer une série de vérifications pour s'assurer que le système est conforme aux exigences de la loi. Ces vérifications incluent :

- **Évaluation de la conformité :** Vérifier que le fournisseur a effectué la procédure d'évaluation de la conformité appropriée pour le système d'IA et que la documentation nécessaire est en ordre. Cela implique de passer en revue la documentation technique, qui inclut des informations détaillées sur la conception, le développement, les tests, la gestion des risques et le plan de surveillance post-marché du système.

- **Documentation technique :** S'assurer que la documentation technique est complète, exacte et répond aux exigences de la loi. Cela inclut de vérifier que la documentation fournit les informations nécessaires pour évaluer la conformité du système avec les exigences de la loi.

- **Marquage CE :** Vérifier que le système d'IA porte le marquage CE, qui est un symbole indiquant la conformité avec les régulations de l'UE. Le marquage CE indique que le système a subi la procédure d'évaluation de la conformité appropriée et qu'il répond aux exigences essentielles de la loi sur l'IA.

- **Déclaration de conformité de l'UE :** Vérifier que le système d'IA est accompagné de la déclaration de conformité de l'UE, qui est une déclaration formelle du fournisseur que le système est conforme aux exigences de la loi. La déclaration de conformité inclut une description du système, une déclaration de conformité, une liste des normes et spécifications auxquelles le système est conforme, et des informations sur la procédure d'évaluation de la conformité.

- **Instructions d'utilisation :** S'assurer que le système d'IA est accompagné d'instructions d'utilisation claires et compréhensibles, rédigées dans une langue facilement compréhensible par les utilisateurs prévus. Les instructions d'utilisation doivent fournir les informations dont les déployeurs ont besoin pour implémenter et exploiter le système en toute sécurité et efficacement.

- **Représentant autorisé :** Si le fournisseur est basé en dehors de l'UE, vérifier que le fournisseur a désigné un représentant autorisé au sein de l'UE. Le représentant autorisé agit au nom du fournisseur en relation avec la loi sur l'IA, garantissant que les systèmes du fournisseur sont conformes aux exigences de la loi et servant de point de contact pour les régulateurs de l'UE.

Ces étapes de vérification pré-marché sont cruciales pour garantir que seuls les systèmes d'IA conformes entrent sur le marché de l'UE. Les importateurs sont la première ligne de défense, protégeant l'UE des systèmes potentiellement nuisibles ou non fiables.

2. Gestion de la Non-Conformité : Prendre des Mesures en Cas de Problèmes

Si un importateur a des raisons de croire qu'un système d'IA à haut risque qu'il importe n'est pas conforme aux exigences de la loi, il est obligé de prendre des mesures pour résoudre le problème. Cela peut impliquer :

- **Contacter le fournisseur :** Informer le fournisseur de la non-conformité potentielle et demander qu'il prenne des mesures correctives pour résoudre le problème. Cela peut impliquer de mettre à jour le logiciel du système, de fournir une documentation supplémentaire ou d'effectuer des tests et une validation supplémentaires.

- **Refuser d'importer le système :** Si le fournisseur ne parvient pas à résoudre la non-conformité ou si l'importateur estime que le système présente un risque sérieux pour la sécurité ou les droits fondamentaux, il peut refuser d'importer le système dans l'UE.

- **Notifier les autorités :** Dans les cas où l'importateur estime que le système non conforme présente un risque sérieux, il est obligé de notifier les autorités nationales responsables de la surveillance du marché. Cela garantit que les autorités sont conscientes du problème potentiel et peuvent prendre les mesures appropriées pour protéger le public.

Les importateurs jouent un rôle crucial dans l'identification et la gestion des systèmes d'IA non conformes, empêchant les systèmes potentiellement nuisibles d'atteindre le marché de l'UE.

3. Tenue des Registres : Maintenir une Traçabilité

Les importateurs sont tenus de conserver des registres des systèmes d'IA à haut risque qu'ils importent, incluant :

- **Identification du système :** Une identification claire du système d'IA, incluant son nom, son numéro de version et tout autre identifiant pertinent.

- **Informations sur le fournisseur :** Le nom et les coordonnées du fournisseur, incluant leur adresse et tout numéro d'enregistrement ou d'autorisation pertinent.

- **Documentation de l'évaluation de la conformité :** Une copie de la documentation technique, de la déclaration de conformité de l'UE et de tout certificat d'évaluation de la conformité émis par un organisme notifié (le cas échéant).

- **Date d'importation :** La date à laquelle le système a été importé dans l'UE.

Ces registres fournissent une traçabilité qui peut être utilisée pour démontrer la conformité avec la loi sur l'IA et pour tracer le parcours du système de son origine à son déploiement au sein de l'UE. L'importateur doit conserver ces registres pendant une période de 10 ans après que le système d'IA a été mis sur le marché.

4. Fournir des Informations aux Autorités : Faciliter l'Exécution

Les importateurs doivent coopérer avec les autorités nationales responsables de la surveillance du marché, en leur fournissant les informations dont elles ont besoin pour faire respecter la loi sur l'IA. Cela peut impliquer :

- **Répondre aux demandes :** L'importateur doit répondre promptement aux demandes des régulateurs concernant les systèmes d'IA qu'il importe, en fournissant les informations et la documentation nécessaires pour démontrer la conformité.

- **Faciliter les inspections et les audits :** L'importateur peut devoir faciliter les inspections ou les audits de ses installations ou de ses processus par les régulateurs de l'UE. Cela peut impliquer de coordonner la logistique de l'inspection, de fournir l'accès au personnel et à la documentation pertinents, et de traduire la communication entre le fournisseur et les régulateurs.

- **Fournir des échantillons :** L'importateur peut être tenu de fournir des échantillons des systèmes d'IA qu'il importe aux régulateurs pour des tests et une évaluation.

5. S'Identifier : Transparence et Responsabilité

Les importateurs doivent clairement s'identifier sur les systèmes d'IA qu'ils importent, en fournissant leur nom, leur nom commercial ou leur marque déposée, et leurs coordonnées. Ces informations doivent être incluses sur le système lui-même ou sur son emballage ou la documentation qui l'accompagne. Cette transparence permet aux régulateurs et aux autres parties prenantes d'identifier facilement l'importateur d'un système d'IA spécifique, favorisant la responsabilité et facilitant l'exécution.

Distributeurs : Le Lien Entre Importateurs et Déployeurs

Les distributeurs sont les entreprises qui rendent les systèmes d'IA disponibles sur le marché de l'UE. Ils agissent comme intermédiaires, achetant des systèmes auprès des importateurs et les vendant aux déployeurs ou à d'autres distributeurs. Bien que les distributeurs ne soient pas directement impliqués dans la conception ou le développement des systèmes d'IA qu'ils manipulent, ils jouent néanmoins un rôle crucial dans l'assurance de leur fiabilité.

La loi européenne sur l'IA reconnaît que les distributeurs peuvent contribuer à la sécurité et à l'utilisation éthique des systèmes d'IA en :

- **Vérifiant la conformité :** Garantissant que les systèmes qu'ils manipulent sont conformes aux exigences de la loi.

- **Fournissant des informations :** S'assurant que les déployeurs reçoivent les informations nécessaires sur les systèmes, y compris les instructions d'utilisation et tout avertissement de sécurité pertinent.

- **Coopérant avec les autorités :** Travaillant avec les régulateurs pour résoudre tout problème de conformité ou de sécurité.

Obligations des Distributeurs : Diligence Raisonnable et Diffusion de l'Information

La loi sur l'IA impose plusieurs obligations clés aux distributeurs de systèmes d'IA à haut risque :

1. Vérification Pré-Marché : Vérifier la Conformité Avant la Distribution

Avant de rendre un système d'IA à haut risque disponible sur le marché de l'UE, les distributeurs doivent effectuer une série de vérifications pour s'assurer que le système est conforme aux exigences de la loi. Ces vérifications sont similaires à celles exigées des importateurs et incluent :

- **Marquage CE :** Vérifier que le système d'IA porte le marquage CE, qui indique la conformité avec les régulations de l'UE.

- **Déclaration de conformité de l'UE :** Vérifier que le système d'IA est accompagné de la déclaration de conformité de l'UE.

- **Instructions d'utilisation :** S'assurer que le système d'IA est accompagné d'instructions d'utilisation claires et compréhensibles.

2. Gestion de la Non-Conformité : Prendre des Mesures en Cas de Problèmes

Si un distributeur a des raisons de croire qu'un système d'IA à haut risque qu'il manipule n'est pas conforme aux exigences de la loi, il est obligé de prendre des mesures pour résoudre le problème. Cela peut impliquer :

- **Contacter l'importateur ou le fournisseur :** Informer l'importateur ou le fournisseur de la non-conformité potentielle et demander qu'il prenne des mesures correctives pour résoudre le problème.

- **Refuser de distribuer le système :** Si l'importateur ou le fournisseur ne parvient pas à résoudre la non-conformité ou si le distributeur estime que le système présente un risque sérieux pour la sécurité ou les droits fondamentaux, il peut refuser de distribuer le système.

- **Notifier les autorités :** Dans les cas où le distributeur estime que le système non conforme présente un risque sérieux, il est obligé de notifier les autorités nationales responsables de la surveillance du marché.

3. Stockage et Transport : Maintenir la Conformité Tout au Long de la Chaîne d'Approvisionnement

Les distributeurs sont responsables de s'assurer que les systèmes d'IA à haut risque qu'ils manipulent sont stockés et transportés de manière à ne pas compromettre leur conformité avec les exigences de la loi. Cela peut impliquer :

- **Conditions de stockage appropriées :** S'assurer que les systèmes sont stockés dans des conditions environnementales appropriées, telles que la température et l'humidité, pour prévenir les dommages ou la dégradation.

- **Transport sécurisé :** Utiliser des méthodes de transport sécurisées pour prévenir le vol, les dommages ou les manipulations pendant le transit.

- **Procédures de manipulation :** Mettre en œuvre des procédures pour manipuler les systèmes afin de prévenir les dommages ou la contamination.

Ces mesures aident à garantir que les systèmes parviennent aux déployeurs dans un état conforme, prêts pour une utilisation sûre et éthique.

4. Fournir des Informations aux Déployeurs : Transmettre le Relais de la Connaissance

Les distributeurs jouent un rôle crucial dans la diffusion des informations sur les systèmes d'IA à haut risque aux déployeurs. Cela inclut :

- **Instructions d'utilisation :** Fournir aux déployeurs une copie des instructions d'utilisation qui accompagnent le système.

- **Avertissements de sécurité :** Communiquer tout avertissement ou précaution de sécurité pertinent aux déployeurs.

- **Mises à jour et rappels :** Informer les déployeurs de toute mise à jour, patch ou rappel émis par le fournisseur.

Ce transfert d'informations est essentiel pour garantir que les déployeurs disposent des connaissances nécessaires pour implémenter et exploiter les systèmes en toute sécurité et efficacement.

5. Coopérer avec les Autorités : Faciliter l'Exécution

Les distributeurs doivent coopérer avec les autorités nationales responsables de la surveillance du marché, en leur fournissant les informations dont elles ont besoin pour faire respecter la loi sur l'IA. Cela peut impliquer :

- **Répondre aux demandes :** Le distributeur doit répondre promptement aux demandes des régulateurs concernant les systèmes d'IA qu'il manipule, en fournissant les informations et la documentation nécessaires pour démontrer la conformité.

- **Faciliter les inspections et les audits :** Le distributeur peut devoir faciliter les inspections ou les audits de ses installations ou de ses processus par les régulateurs de l'UE.

- **Fournir des échantillons :** Le distributeur peut être tenu de fournir des échantillons des systèmes d'IA qu'il manipule aux régulateurs pour des tests et une évaluation.

- **Tracer la chaîne d'approvisionnement :** Le distributeur peut devoir aider les régulateurs à tracer la chaîne d'approvisionnement d'un système d'IA, en identifiant l'importateur et le fournisseur du système.

Importateurs et Distributeurs : Partager la Responsabilité pour une IA Fiable

Les obligations de la loi européenne sur l'IA pour les importateurs et les distributeurs renforcent la responsabilité partagée de construire un écosystème d'IA fiable au sein de l'UE. Bien que les fournisseurs portent la responsabilité principale de garantir que leurs systèmes sont conformes aux exigences de la loi, les importateurs et les distributeurs jouent un rôle crucial dans le maintien de ces normes tout au long de la chaîne d'approvisionnement.

En effectuant une diligence raisonnable, en vérifiant la conformité, en fournissant des informations et en coopérant avec les autorités, les importateurs et les distributeurs contribuent à :

- **Protéger le marché de l'UE :** Garantir que seuls les systèmes d'IA conformes entrent dans l'UE et que les systèmes potentiellement nuisibles ou non fiables sont tenus à l'écart.

- **Promouvoir une utilisation sûre et éthique :** S'assurer que les déployeurs et les utilisateurs disposent des informations nécessaires pour implémenter et exploiter les systèmes d'IA de manière responsable.

- **Faciliter l'exécution :** Aider les régulateurs à faire respecter les exigences de la loi et à résoudre tout problème de conformité ou de sécurité.

Les importateurs et les distributeurs ne sont pas de simples participants passifs de la chaîne de valeur de l'IA ; ils sont des contributeurs actifs à l'objectif de l'UE de promouvoir un écosystème d'IA sûr, fiable et digne de confiance. Leurs actions aident à instaurer la confiance dans la technologie de l'IA, garantissant qu'elle bénéficie à la société tout en protégeant les droits et les libertés individuels.

CHAPITRE SEIZE : Obligations des déployeurs : mise en œuvre pratique de la loi sur l'IA

Nous avons passé beaucoup de temps à nous concentrer sur les responsabilités des fournisseurs d'IA, les entreprises qui développent et commercialisent ces systèmes. Mais le parcours d'un système d'IA ne s'arrête pas là. Il se poursuit lorsque ces systèmes sont mis en œuvre dans des environnements réels, prenant des décisions, influençant les résultats et interagissant avec les personnes. C'est là que les déployeurs entrent en jeu.

Les déployeurs sont les individus ou les organisations qui utilisent les systèmes d'IA dans des applications pratiques. Ce sont eux qui intègrent ces systèmes dans leurs flux de travail, les utilisent pour prendre des décisions et, en fin de compte, façonnent leur impact sur les individus et la société. Pensez à eux comme aux chefs d'orchestre, guidant la performance du système d'IA et assurant son harmonie avec le contexte plus large dans lequel il opère.

La loi européenne sur l'IA reconnaît que les déployeurs jouent un rôle crucial dans la garantie de la fiabilité des systèmes d'IA. Ils sont souvent ceux qui ont le contact le plus direct avec les individus affectés par les décisions du système, et ils sont les mieux placés pour comprendre l'impact du système dans un contexte spécifique.

Bien que les fournisseurs portent la responsabilité principale de s'assurer que leurs systèmes respectent les exigences de la loi, les déployeurs partagent cette responsabilité en mettant en œuvre ces systèmes de manière responsable, en surveillant leurs performances et en prenant des mesures correctives si nécessaire. La loi impose des obligations spécifiques aux déployeurs, en particulier ceux utilisant des systèmes d'IA à haut risque, pour garantir que ces systèmes sont utilisés de manière sûre, éthique et respectueuse des droits fondamentaux.

Explorons ces obligations en détail et comprenons comment les déployeurs peuvent contribuer à un écosystème d'IA fiable.

Suivre les instructions : le manuel de l'utilisateur pour une IA responsable

Imaginez acheter un nouvel appareil, par exemple une machine à espresso sophistiquée. Vous ne vous contenteriez pas de la brancher et d'appuyer sur des boutons au hasard en espérant le meilleur. Vous liriez probablement le manuel d'instructions d'abord, n'est-ce pas ? Le manuel vous indique comment utiliser la machine en toute sécurité et efficacement, comment obtenir les résultats souhaités et que faire si quelque chose ne va pas.

Les systèmes d'IA, en particulier ceux à haut risque, sont beaucoup plus complexes que les machines à espresso, mais le principe est le même. Les fournisseurs sont tenus de fournir aux déployeurs des instructions d'utilisation claires et complètes, décrivant les capacités, les limitations et les risques potentiels du système, ainsi que les procédures pour son fonctionnement sûr et responsable.

La loi européenne sur l'IA insiste sur le fait que les déployeurs ont l'obligation de suivre ces instructions. Cela peut sembler évident, mais c'est un point crucial. Les déployeurs doivent prendre le temps de comprendre le système qu'ils utilisent, de lire attentivement les instructions et de suivre les recommandations du fournisseur. Ne pas le faire pourrait entraîner des erreurs, des dysfonctionnements et des conséquences imprévues, potentiellement mettant en danger des individus ou violant leurs droits.

Suivre les instructions ne consiste pas seulement à éviter des sanctions légales ; il s'agit d'utiliser le système d'IA de manière responsable et de maximiser ses avantages potentiels. Les instructions fournissent aux déployeurs des informations précieuses sur la conception du système, ses limitations et les écueils potentiels à éviter. Elles sont une feuille de route pour la mise en œuvre responsable de l'IA, guidant les déployeurs vers une utilisation sûre et éthique.

Supervision humaine : le rôle du chef d'orchestre dans l'orchestre de l'IA

Nous avons exploré le concept de supervision humaine dans un chapitre précédent, soulignant son rôle crucial pour garantir que l'IA reste sous contrôle humain et que ses décisions soient conformes aux valeurs humaines. La loi sur l'IA exige que les fournisseurs conçoivent leurs systèmes à haut risque de manière à permettre une supervision humaine efficace, mais il incombe en fin de compte au déployeur de mettre en œuvre ces mécanismes de supervision dans la pratique.

Les déployeurs doivent s'assurer que les opérateurs humains sont impliqués dans le fonctionnement du système aux niveaux appropriés et qu'ils ont la compétence, la formation et l'autorité nécessaires pour accomplir efficacement leurs rôles. Cela peut impliquer :

- **Sélectionner des opérateurs qualifiés :** Choisir des individus ayant les connaissances, les compétences et le jugement nécessaires pour comprendre les résultats du système d'IA, reconnaître les problèmes potentiels et intervenir si nécessaire. Cela peut impliquer de rechercher des individus ayant une expertise dans le domaine concerné, de leur fournir une formation spécifique sur le système d'IA et de s'assurer qu'ils ont une bonne compréhension des exigences de la loi et des implications éthiques de l'utilisation de l'IA.

- **Fournir une formation adéquate :** S'assurer que les opérateurs reçoivent une formation adéquate sur la fonctionnalité du système d'IA, ses capacités et limitations, les risques potentiels associés à son utilisation et les procédures d'intervention humaine. La formation doit être adaptée au système spécifique et aux rôles et responsabilités des opérateurs.

- **Établir des protocoles clairs pour l'intervention :** Développer des protocoles clairs qui précisent les circonstances dans lesquelles les opérateurs humains doivent intervenir dans le fonctionnement du système, les procédures à suivre et les mécanismes de rapport pour documenter les interventions. Ces protocoles aident à garantir que les interventions sont opportunes, appropriées et bien documentées.

- **Surveiller et évaluer les performances des opérateurs :** Surveiller et évaluer régulièrement les performances des opérateurs humains pour s'assurer qu'ils supervisent efficacement le système d'IA et qu'ils respectent les protocoles établis. Cela peut impliquer de passer en revue les enregistrements des interventions, d'observer les opérateurs en action et de fournir des commentaires et une formation supplémentaire si nécessaire.

Contrôle des données d'entrée : alimenter le système avec des ingrédients de qualité

Tout comme un chef sélectionne soigneusement les ingrédients pour un plat, les déployeurs doivent prêter une attention particulière aux données qu'ils fournissent à leurs systèmes d'IA. La qualité des données d'entrée influence directement les performances du système et la fiabilité de ses résultats.

La loi européenne sur l'IA exige que les déployeurs s'assurent que les données d'entrée qu'ils fournissent aux systèmes à haut risque soient pertinentes et suffisamment représentatives, en tenant compte de l'objectif prévu du système. Cela implique :

- **Comprendre les exigences en matière de données :** Les déployeurs doivent comprendre les exigences spécifiques en matière de données du système d'IA qu'ils utilisent. Ces informations sont généralement fournies dans les instructions d'utilisation et peuvent inclure des spécifications pour le type, le format, la qualité et la quantité de données nécessaires.

- **Valider les sources de données :** Les déployeurs doivent vérifier que les données qu'ils utilisent proviennent de sources fiables et qu'elles répondent aux critères de qualité de la loi. Cela peut impliquer d'évaluer l'exactitude, l'exhaustivité, la pertinence, la représentativité et l'absence de biais des données.

- **Prétraiter les données :** Les déployeurs peuvent avoir besoin de prétraiter les données d'entrée avant de les fournir au système d'IA. Cela peut impliquer de nettoyer les données pour éliminer les erreurs ou les incohérences, de les transformer dans un format compatible avec le système ou de les anonymiser pour protéger la vie privée des individus.

- **Surveiller la qualité des données :** Les déployeurs doivent mettre en place des procédures pour surveiller la qualité des données d'entrée dans le temps, en recherchant tout signe de dégradation ou de dérive pouvant affecter les performances du système. Cela peut impliquer de suivre les métriques d'exactitude des données, de réviser périodiquement les sources de données et de mettre en place des mécanismes pour détecter et traiter les problèmes de qualité des données.

Surveillance des performances du système : garder un œil attentif sur l'IA

Les déployeurs ont la responsabilité de surveiller les performances de leurs systèmes d'IA à haut risque dans des environnements réels. Cette surveillance aide à identifier les problèmes potentiels, à évaluer l'efficacité des mesures d'atténuation et à garantir que le système reste sûr, fiable et digne de confiance.

La loi européenne sur l'IA décrit des obligations de surveillance spécifiques pour les déployeurs, leur demandant de :

- **Suivre les métriques de performance :** Les déployeurs doivent suivre les performances du système par rapport à des métriques prédéfinies, telles que son exactitude, sa robustesse et son équité. Cela peut impliquer de collecter des données sur les résultats du système, de comparer ses performances à des benchmarks et d'analyser son comportement au fil du temps.

- **Recueillir les commentaires des utilisateurs :** Les déployeurs doivent établir des mécanismes pour recueillir les commentaires des utilisateurs du système d'IA. Ces commentaires peuvent fournir des informations précieuses sur les performances du système, son utilisation et son impact sur les individus.

- **Identifier les anomalies et les dysfonctionnements :** Les déployeurs doivent être vigilants dans l'identification des anomalies ou des dysfonctionnements dans le fonctionnement du système. Cela peut impliquer d'examiner les journaux du système, d'analyser les données de performance ou d'enquêter sur les plaintes des utilisateurs.

- **Informer les fournisseurs des problèmes potentiels :** Si les déployeurs identifient des problèmes potentiels avec le système, ils ont l'obligation d'en informer le fournisseur. Cela permet au fournisseur d'enquêter sur le problème, de mettre en œuvre des actions correctives ou même de rappeler le système du marché si nécessaire.

- **Suspendre l'utilisation du système si nécessaire :** Dans les cas où le déployeur estime que l'utilisation du système d'IA présente un risque sérieux pour la sécurité ou les droits fondamentaux, il est tenu de suspendre l'utilisation du système et de notifier le fournisseur et les autorités compétentes.

Tenue des registres : documenter le parcours réel du système

Tout comme les fournisseurs sont tenus de maintenir une documentation technique, les déployeurs ont l'obligation de conserver des enregistrements de leur utilisation des systèmes d'IA à haut risque. Ces enregistrements fournissent une piste d'audit qui peut être utilisée pour démontrer la conformité avec la loi sur l'IA, pour tracer le fonctionnement du système et pour identifier les problèmes potentiels.

La loi sur l'IA ne prescrit pas un format ou un contenu spécifique pour tous les enregistrements des déployeurs, mais elle souligne l'importance de capturer les événements et les métriques clés liés à l'utilisation réelle du système. Ces enregistrements peuvent inclure :

- **Détails de déploiement :** Un enregistrement du déploiement du système, incluant la date de déploiement, l'endroit où il est utilisé et les tâches spécifiques qu'il exécute.

- **Enregistrements des données d'entrée :** Enregistrements des données d'entrée fournies au système, y compris leur source, leurs caractéristiques et toutes les étapes de prétraitement effectuées.

- **Enregistrements des données de sortie :** Enregistrements des résultats du système, y compris ses prédictions, classifications, recommandations et toutes autres décisions qu'il prend.

- **Enregistrements de la supervision humaine :** Enregistrements des interventions humaines dans le fonctionnement du système, y compris les raisons de l'intervention, les actions prises et les résultats.

- **Métriques de performance :** Enregistrements des performances du système par rapport à des métriques prédéfinies, telles que son exactitude, sa robustesse et son équité.

- **Rapports d'incidents :** Enregistrements des incidents ou dysfonctionnements survenus, y compris une description de l'incident, ses causes potentielles et les actions prises pour résoudre le problème.

- **Commentaires des utilisateurs :** Enregistrements des commentaires reçus des utilisateurs du système, y compris les plaintes, les suggestions d'amélioration et les signalements de problèmes ou de préoccupations.

Évaluation de l'impact sur les droits fondamentaux : une approche proactive pour protéger les droits individuels

Les déployeurs de systèmes d'IA à haut risque, en particulier ceux opérant dans le secteur public ou fournissant des services publics, ont une obligation supplémentaire en vertu de la loi sur l'IA : réaliser une évaluation de l'impact sur les droits fondamentaux (FRIA). Cette évaluation est une mesure proactive conçue pour identifier et atténuer les risques potentiels pour les droits fondamentaux pouvant résulter de l'utilisation du système d'IA.

La FRIA n'est pas une activité ponctuelle ; c'est un processus continu qui doit être mené avant le déploiement du système et révisé périodiquement tout au long de son cycle de vie. Cela implique :

- **Identifier les risques potentiels :** La première étape de la FRIA est d'identifier les risques potentiels pour les droits fondamentaux pouvant résulter de l'utilisation du système d'IA. Cela implique de considérer l'utilisation prévue du système, les types de données qu'il traite, les décisions qu'il prend et l'impact potentiel sur les individus et les groupes.

- **Évaluer la gravité et la probabilité des risques :** Une fois les risques potentiels identifiés, la prochaine étape consiste à évaluer leur gravité et leur probabilité. Cela implique de considérer le préjudice potentiel qui pourrait être causé si le risque se matérialise et la probabilité que le risque survienne.

- **Développer des mesures d'atténuation :** Pour chaque risque identifié, le déployeur doit développer des mesures d'atténuation pour réduire sa probabilité ou sa gravité. Ces mesures peuvent impliquer d'ajuster la conception du système, de mettre en œuvre des garanties supplémentaires, de fournir une formation aux opérateurs ou d'établir des procédures claires pour l'intervention humaine.

- **Surveiller et réviser l'efficacité des mesures d'atténuation :** La FRIA est un processus continu. Le déployeur doit surveiller et réviser régulièrement l'efficacité des mesures d'atténuation, en apportant des ajustements nécessaires pour traiter les risques émergents ou les changements de circonstances.

Transparence avec les individus : savoir quand l'IA prend la décision

Les déployeurs ont également l'obligation d'être transparents avec les individus concernant l'utilisation des systèmes d'IA à haut risque, en particulier lorsque ces systèmes prennent des décisions ayant un impact significatif sur leur vie. La loi exige que les déployeurs informent les individus qu'ils sont soumis à l'utilisation du système, sauf si cela est évident d'après le contexte. Ces informations doivent inclure :

- **L'objectif prévu du système :** Une explication claire de ce pour quoi le système est conçu et comment il est utilisé dans le contexte spécifique.

- **Les types de décisions qu'il prend :** Une description des types de décisions que le système prend et des conséquences potentielles de ces décisions.

- **Le droit à l'explication :** Des informations sur le droit de l'individu à obtenir une explication du processus décisionnel du système si la décision produit des effets juridiques ou l'affecte de manière similaire et significative.

Cette transparence permet aux individus de comprendre comment l'IA est utilisée dans leur vie et d'exercer leurs droits en relation avec ces systèmes. Elle favorise la confiance et aide à atténuer les préoccupations concernant le potentiel de mauvaise utilisation de l'IA.

Coopération avec les autorités : une approche collaborative pour l'application

Les déployeurs de systèmes d'IA à haut risque sont tenus de coopérer avec les autorités nationales responsables de la surveillance du marché. Cette coopération est essentielle pour garantir que les exigences de la loi sont effectivement appliquées et que tout problème potentiel avec les systèmes d'IA est identifié et traité rapidement.

Cela peut impliquer :

- **Répondre aux demandes :** Les déployeurs doivent répondre rapidement aux demandes des régulateurs concernant leur utilisation des systèmes d'IA, en fournissant les informations et la documentation nécessaires pour démontrer la conformité.

- **Faciliter les inspections et les audits :** Les déployeurs peuvent avoir besoin de faciliter les inspections ou les audits de leurs installations ou processus par les régulateurs de l'UE. Cela peut impliquer de coordonner la logistique de l'inspection, de fournir l'accès au personnel et à la documentation pertinents et de traduire la communication entre le déployeur et les régulateurs.

- **Fournir des échantillons :** Les déployeurs peuvent être tenus de fournir des échantillons des systèmes d'IA qu'ils utilisent aux régulateurs pour des tests et une évaluation.

- **Signaler les incidents graves :** Les déployeurs ont la responsabilité de signaler tout incident grave survenu avec les systèmes d'IA qu'ils utilisent aux autorités compétentes.

Cela aide à garantir que les autorités sont conscientes des problèmes potentiels avec les systèmes et peuvent prendre les mesures appropriées pour protéger le public.

Déployeurs : le visage humain de l'IA

Les déployeurs sont souvent le visage humain de l'IA, ceux qui interagissent directement avec les individus affectés par les décisions du système. Ils jouent un rôle crucial dans la formation de la perception du public sur l'IA et en garantissant que ces technologies sont utilisées de manière à bénéficier à la société.

Les obligations de la loi européenne sur l'IA pour les déployeurs reflètent l'importance de leur rôle. En suivant les instructions d'utilisation, en mettant en œuvre la supervision humaine, en surveillant les performances du système, en conservant des enregistrements, en réalisant des évaluations de l'impact sur les droits fondamentaux et en coopérant avec les autorités, les déployeurs peuvent contribuer à un écosystème d'IA fiable.

Leurs actions aident à garantir que les systèmes d'IA sont utilisés de manière sûre, éthique et respectueuse des droits fondamentaux, ouvrant la voie à un avenir où l'IA est une force pour le bien.

CHAPITRE DIX-SEPT : Évaluation de l'Impact sur les Droits Fondamentaux : Protéger les Droits Individuels

Nous avons exploré les nombreuses facettes de l'Acte IA de l'UE, de ses principes fondamentaux à ses exigences spécifiques pour les systèmes d'IA à haut risque. Nous avons vu comment l'Acte vise à promouvoir un écosystème d'IA digne de confiance, en équilibrant l'innovation avec des garanties pour protéger les droits fondamentaux. Mais comment assurer l'efficacité de ces garanties en pratique ? Comment être sûr que les systèmes d'IA à haut risque, malgré leurs avantages potentiels, ne causent pas de préjudice ou ne violent pas les droits individuels ?

C'est ici qu'intervient l'évaluation de l'impact sur les droits fondamentaux (FRIA). La FRIA est un outil crucial dans l'arsenal de l'Acte IA de l'UE pour protéger les droits individuels à l'ère de l'IA. C'est un processus proactif qui oblige certains déployeurs de systèmes d'IA à haut risque à évaluer soigneusement l'impact potentiel de ces systèmes sur les droits fondamentaux et à mettre en œuvre des mesures pour atténuer les risques identifiés.

Pensez à la FRIA comme à un contrôle de sécurité, une manière de regarder avant de sauter dans le monde du déploiement de l'IA à haut risque. Il s'agit d'anticiper les problèmes potentiels, de considérer soigneusement l'impact du système sur les droits des individus et de prendre des mesures pour garantir que le système est utilisé de manière à respecter ces droits.

Qui Doit Effectuer une FRIA ? Cibler les Déploiements à Haut Impact

L'Acte IA de l'UE n'exige pas une FRIA pour chaque déploiement d'un système d'IA. Il se concentre sur les déploiements où l'impact potentiel sur les droits fondamentaux est le plus significatif. Cela signifie que l'obligation de réaliser une FRIA incombe à :

- **Les déployeurs du secteur public :** Les autorités publiques, agences et organismes qui déploient des systèmes d'IA à haut risque doivent réaliser une FRIA. Cela reflète le pouvoir unique que ces entités détiennent et le potentiel de leurs décisions à avoir un impact significatif sur la vie des individus. Par exemple, une agence gouvernementale utilisant un système d'IA à haut risque pour déterminer l'éligibilité aux prestations sociales devrait réaliser une FRIA.

- **Les entités privées fournissant des services publics :** Les entreprises privées qui fournissent des services publics, tels que les soins de santé, l'éducation ou les transports, sont également soumises à l'obligation de FRIA lorsqu'elles déploient des systèmes d'IA à haut risque. Cela reconnaît que ces entreprises, bien qu'opérant dans le secteur privé, exercent des fonctions ayant un impact public significatif. Par exemple, un hôpital privé utilisant un système d'IA à haut risque pour diagnostiquer des maladies devrait réaliser une FRIA.

- **Les déployeurs de systèmes à haut risque spécifiques :** L'Acte impose également une FRIA pour les déployeurs de certains systèmes d'IA à haut risque, qu'ils soient des entités publiques ou privées. Cela inclut les systèmes utilisés dans des domaines sensibles tels que :

  - **L'identification biométrique :** Les systèmes qui identifient les individus en fonction de leurs caractéristiques biologiques uniques, telles que leur visage, leur iris ou leur démarche. Ces systèmes soulèvent des préoccupations particulières concernant la vie privée et le potentiel de mauvaise utilisation.

  - **Le scoring de crédit :** Les systèmes qui évaluent la solvabilité des individus, ce qui peut avoir un impact significatif sur leur accès aux services financiers et autres opportunités.

Ces exigences ciblées pour les FRIAs garantissent que les déploiements d'IA les plus impactants, ceux ayant le plus grand potentiel d'affecter les droits individuels, sont soumis à ce processus d'évaluation proactif.

Le Processus de FRIA : Un Guide pour Protéger les Droits

La FRIA n'est pas un événement ponctuel ; c'est un processus continu qui doit être intégré dans le cycle de vie du système d'IA. Il commence avant le déploiement du système et se poursuit tout au long de sa vie opérationnelle, garantissant que l'impact du système sur les droits fondamentaux est continuellement surveillé et que les mesures d'atténuation sont adaptées pour répondre aux risques émergents ou aux changements de circonstances.

Décomposons le processus de FRIA en ses étapes clés :

1. Planification et Délimitation : Définir les Limites de l'Évaluation

Avant de se lancer dans la FRIA, le déployeur doit soigneusement planifier et délimiter l'évaluation, en définissant ses limites et en identifiant les domaines clés sur lesquels se concentrer. Cela implique :

- **Définir le système d'IA :** Définir clairement le système d'IA qui est évalué, y compris son objectif prévu, sa fonctionnalité, les types de données qu'il traite et les décisions qu'il prend.

- **Identifier les droits fondamentaux pertinents :** Identifier les droits fondamentaux spécifiques qui pourraient être affectés par l'utilisation du système d'IA. Cela pourrait impliquer de considérer des droits tels que le droit à la vie privée, à la non-discrimination, au processus équitable, à la liberté d'expression et au droit à un procès équitable. Les droits spécifiques les plus pertinents dépendront de l'utilisation prévue du système et de son impact potentiel sur les individus.

- **Définir le champ de l'évaluation :** Déterminer le champ de l'évaluation, en tenant compte de facteurs tels que l'utilisation prévue du système, les types de données qu'il traite, la population cible et les conséquences potentielles des erreurs ou des abus. Par exemple, une FRIA pour un système de reconnaissance faciale utilisé par les forces de l'ordre pourrait se concentrer sur l'impact potentiel sur la vie privée et le droit à la liberté de circulation, tandis qu'une FRIA pour un système de scoring de crédit pourrait se concentrer sur le potentiel de discrimination et l'impact sur l'accès aux services financiers.

2. Collecte et Analyse des Données : Comprendre l'Impact du Système

Une fois le champ de l'évaluation défini, l'étape suivante consiste à collecter et analyser les données pour comprendre l'impact potentiel du système d'IA sur les droits fondamentaux. Cela pourrait impliquer :

- **Examiner la documentation du système :** Examiner la documentation technique fournie par le fournisseur, y compris les spécifications de conception du système, l'évaluation des risques, les pratiques de gouvernance et de gestion des données, ainsi que les résultats des tests et de la validation.

- **Analyser les sorties du système :** Évaluer les sorties du système, telles que ses prédictions, classifications, recommandations ou décisions, pour identifier tout biais, erreur ou conséquence imprévue potentiels qui pourraient affecter les droits fondamentaux.

- **Réaliser des recherches utilisateurs :** Recueillir les retours des utilisateurs du système, y compris ceux qui sont affectés par ses décisions, pour comprendre leurs expériences et identifier toute préoccupation qu'ils pourraient avoir concernant l'impact du système sur leurs droits.

- **Consulter des experts :** Demander l'avis d'experts dans des domaines pertinents, tels que la protection des données, les droits de l'homme ou l'éthique, pour obtenir des informations sur les risques potentiels associés à l'utilisation du système.

3. Identification et Évaluation des Risques : Détecter les Problèmes Potentiels

Le cœur de la FRIA est l'étape d'identification et d'évaluation des risques. Cela implique :

- **Identifier les risques potentiels :** Identifier systématiquement les risques potentiels pour les droits fondamentaux qui pourraient découler de l'utilisation du système d'IA. Cela pourrait impliquer de réfléchir à des scénarios dans lesquels le système pourrait mal fonctionner, être mal utilisé ou produire des résultats biaisés ou discriminatoires.

- **Évaluer la gravité et la probabilité des risques :** Évaluer chaque risque identifié, en considérant le préjudice potentiel qui pourrait être causé si le risque se matérialise et la probabilité que le risque se produise. Cette évaluation doit être basée sur les données collectées et analysées à l'étape précédente.

L'évaluation des risques doit être documentée de manière claire et complète, fournissant un enregistrement des risques identifiés, de leur gravité et de leur probabilité, ainsi que de la justification de l'évaluation.

4. Mesures d'Atténuation : Développer des Solutions pour Minimiser les Risques

Une fois que les risques potentiels pour les droits fondamentaux ont été identifiés et évalués, le déployeur doit développer des mesures d'atténuation pour minimiser ces risques. Ces mesures doivent être adaptées aux risques spécifiques identifiés et au contexte dans lequel le système d'IA est déployé.

Les mesures d'atténuation peuvent prendre diverses formes, y compris :

- **Ajuster la conception du système :** Si l'évaluation des risques révèle que la conception du système elle-même pose un risque pour les droits fondamentaux, le déployeur pourrait devoir travailler avec le fournisseur pour ajuster la conception du système. Cela pourrait impliquer de modifier les algorithmes, de changer les méthodes de traitement des données ou d'ajouter de nouvelles fonctionnalités pour améliorer la transparence, la supervision humaine ou la responsabilité.

- **Mettre en œuvre des garanties supplémentaires :** Le déployeur pourrait devoir mettre en œuvre des garanties supplémentaires pour protéger les droits fondamentaux. Cela pourrait impliquer d'établir des procédures claires pour l'intervention humaine, de fournir une formation aux opérateurs, de mettre en œuvre des techniques d'anonymisation des données ou de développer des politiques et des directives spécifiques pour l'utilisation du système.

- **Restreindre l'utilisation du système :** Dans certains cas, la mesure d'atténuation la plus efficace pourrait être de restreindre l'utilisation du système dans certains contextes ou pour certains objectifs. Cela pourrait impliquer de limiter l'accès du système à des données sensibles, d'interdire son utilisation pour certains types de décisions ou d'exiger une révision humaine de ses sorties dans des scénarios spécifiques.

5. Surveillance et Révision : Assurer une Vigilance et une Adaptation Continues

153

La FRIA n'est pas un événement ponctuel ; c'est un processus continu qui nécessite une surveillance et une révision continues. Le paysage de l'IA est en constante évolution, avec de nouvelles technologies, applications et risques émergents en permanence. Les déployeurs doivent rester vigilants et adapter leurs mesures d'atténuation si nécessaire pour répondre à ces changements.

La surveillance implique de suivre les performances du système et son impact sur les droits fondamentaux. Cela pourrait impliquer :

- **Collecter des données sur le fonctionnement du système** : Analyser les journaux du système, recueillir les retours des utilisateurs et suivre les indicateurs de performance pour identifier tout signe de problèmes potentiels ou de conséquences imprévues.

- **Réviser les sorties du système :** Évaluer régulièrement les sorties du système, telles que ses prédictions, classifications ou décisions, pour identifier tout biais, erreur ou conséquence imprévue émergents qui pourraient affecter les droits fondamentaux.

- **Consulter les parties prenantes :** Engager les parties prenantes, telles que les utilisateurs, les experts et les groupes de défense, pour recueillir des retours et identifier toute préoccupation qu'ils pourraient avoir concernant l'impact du système sur les droits fondamentaux.

La révision implique d'évaluer périodiquement l'efficacité des mesures d'atténuation et d'apporter des ajustements si nécessaire. Cela pourrait impliquer :

- **Réévaluer les risques :** Revisiter l'évaluation initiale des risques pour voir si la gravité ou la probabilité de certains risques a changé, en tenant compte de toute nouvelle information ou de nouvelles perspectives obtenues par la surveillance.

- **Évaluer les stratégies d'atténuation :** Évaluer l'efficacité des mesures d'atténuation actuelles, déterminer si elles traitent adéquatement les risques identifiés et si des ajustements sont nécessaires.

- **Mettre à jour les politiques et procédures :** Rév

CHAPITRE DIX-HUIT : Organismes notifiés : Garantir une évaluation indépendante de la conformité

Nous avons parlé des exigences spécifiques que la loi européenne sur l'IA impose aux systèmes d'IA à haut risque – tous les éléments destinés à les rendre sûrs, équitables et dignes de confiance. Mais qui vérifie réellement si ces exigences sont respectées ? Qui fournit le sceau d'approbation, l'assurance que ces systèmes sont vraiment dignes de confiance et prêts à être utilisés ?

C'est là qu'interviennent les organismes notifiés. Il s'agit d'organisations indépendantes, accréditées par les autorités nationales, qui agissent en tant qu'évaluateurs tiers, scrutant minutieusement les systèmes d'IA à haut risque pour déterminer s'ils sont conformes aux exigences strictes de la loi sur l'IA. Pensez à eux comme des inspecteurs indépendants, scrutant chaque détail, comme des experts en contrôle de qualité aux yeux d'aigle s'assurant qu'un pont est structurellement solide avant son ouverture à la circulation. Ils jouent un rôle crucial dans le cadre de l'UE pour une IA digne de confiance, fournissant une évaluation objective et impartiale des systèmes à haut risque. Leur implication aide à instaurer la confiance dans la technologie de l'IA, garantissant qu'elle bénéficie à la société tout en sauvegardant les droits et libertés individuels.

Indépendance et Impartialité : Les piliers d'une évaluation digne de confiance

Les organismes notifiés ne font pas partie du gouvernement ni des entreprises développant les systèmes d'IA qu'ils évaluent. Ce sont des entités indépendantes, opérant à distance des régulateurs et des fournisseurs. Cette indépendance est cruciale pour garantir l'intégrité et l'objectivité de leurs évaluations.

Imaginez qu'un inspecteur de ponts soit également le propriétaire de l'entreprise de construction qui a construit le pont. Lui feriez-vous confiance pour son évaluation ? Probablement pas. Vous vous inquiéteriez qu'il puisse être tenté de passer outre les défauts ou de minimiser les risques pour protéger ses propres intérêts. De même, si un organisme notifié dépendait financièrement du fournisseur d'IA qu'il évaluait, son impartialité pourrait être compromise.

La loi européenne sur l'IA souligne l'importance de l'indépendance et de l'impartialité pour les organismes notifiés, établissant des exigences strictes pour garantir qu'ils opèrent de manière objective et sans biais. Ces exigences incluent :

- **Structure organisationnelle :** La loi exige que les organismes notifiés aient une structure organisationnelle qui sauvegarde leur indépendance. Cela signifie qu'ils doivent avoir des procédures claires pour gérer les conflits d'intérêts, garantissant que leurs évaluations ne sont pas influencées par des incitations financières ou autres. Ils doivent également avoir des lignes de reporting claires, garantissant que les évaluateurs sont responsables de leurs décisions et qu'il existe un mécanisme pour résoudre les disputes ou les appels.

- **Indépendance financière :** Les organismes notifiés ne peuvent pas dépendre financièrement des fournisseurs d'IA qu'ils évaluent. Cela signifie qu'ils ne peuvent pas recevoir de financement des fournisseurs, ni avoir d'intérêt financier dans les systèmes qu'ils évaluent. Leur financement provient généralement des frais facturés pour leurs services d'évaluation, et ces frais doivent être fixés de manière équitable et transparente, garantissant qu'ils ne créent pas d'incitation pour l'organisme notifié à favoriser certains fournisseurs.

- **Qualifications du personnel :** La loi exige que les organismes notifiés aient un personnel qualifié avec l'expertise nécessaire pour évaluer les systèmes d'IA à haut risque. Cette expertise peut inclure la connaissance du développement de l'IA, de la gestion des données, de la gestion des risques, de la cybersécurité, de la conformité réglementaire et des considérations éthiques. Les organismes notifiés doivent avoir des procédures robustes de recrutement et de formation pour garantir que leur personnel possède les compétences et connaissances nécessaires pour accomplir efficacement leurs rôles.

- **Conflits d'intérêts :** La loi interdit aux organismes notifiés et à leur personnel d'être impliqués dans la conception, le développement, le marketing ou l'utilisation des systèmes d'IA qu'ils évaluent. Cela aide à prévenir les situations où un organisme notifié pourrait être tenté de favoriser un système qu'il a contribué à créer ou de passer outre les défauts d'un système dans lequel il a un intérêt financier. Ils sont également interdits de fournir des services de conseil aux fournisseurs, garantissant ainsi davantage leur impartialité.

Ces exigences créent un cadre pour garantir que les organismes notifiés opèrent avec les plus hauts niveaux d'indépendance et d'impartialité. Leurs évaluations doivent être objectives et dignes de confiance, fournissant un sceau d'approbation fiable pour les systèmes d'IA à haut risque qui répondent aux exigences strictes de la loi.

Compétence et Expertise : Garantir que les organismes notifiés sont à la hauteur de la tâche

Évaluer les systèmes d'IA à haut risque est une tâche complexe et exigeante, nécessitant une compréhension approfondie de la technologie de l'IA, des réglementations pertinentes et des considérations éthiques. La loi européenne sur l'IA reconnaît que les organismes notifiés doivent avoir la compétence et l'expertise nécessaires pour effectuer ces évaluations efficacement.

La loi établit des exigences spécifiques pour les organismes notifiés, garantissant qu'ils ont la capacité et les compétences nécessaires pour scruter les systèmes d'IA à haut risque. Ces exigences englobent :

- **Expertise technique :** Les organismes notifiés doivent avoir une expertise dans les aspects techniques des systèmes d'IA, y compris :

  - **Algorithmes et modèles d'IA :** Comprendre les principes des algorithmes et modèles d'IA, y compris l'apprentissage automatique, l'apprentissage profond et d'autres techniques d'IA. Cette connaissance est essentielle pour évaluer la fonctionnalité du système, ses capacités et limitations, et ses potentiels biais ou vulnérabilités.

  - **Gestion et gouvernance des données :** Comprendre les pratiques de gestion et de gouvernance des données, y compris la collecte, le stockage, le traitement, le partage et la suppression des données. Cette connaissance est cruciale pour évaluer les pratiques de gestion des données du système, sa conformité avec les réglementations de protection des données, et son potentiel de biais ou de discrimination.

  - **Gestion des risques et cybersécurité :** Comprendre les principes et pratiques de gestion des risques et de cybersécurité, y compris l'identification, l'évaluation, l'atténuation et la surveillance des risques. Cette connaissance est essentielle pour évaluer les processus de gestion des risques du système, ses mesures de sécurité, et sa résilience aux erreurs, dysfonctionnements et attaques.

- **Expertise réglementaire :** Les organismes notifiés doivent avoir une compréhension approfondie de la loi européenne sur l'IA et d'autres lois et réglementations pertinentes de l'UE, y compris :

  - **Exigences spécifiques de la loi sur l'IA :** Une compréhension approfondie des exigences de la loi pour les systèmes d'IA à haut risque, y compris les dispositions relatives à la gestion des risques, à la qualité des données, à la transparence, à la supervision humaine, à la précision, à la robustesse et à la cybersécurité.

- o **Autres réglementations pertinentes de l'UE :** Connaissance d'autres réglementations pertinentes de l'UE, telles que le Règlement Général sur la Protection des Données (RGPD), qui établit des exigences pour le traitement des données personnelles.

- **Considérations éthiques :** Les organismes notifiés doivent également avoir une compréhension des considérations éthiques liées à l'IA, y compris :

  - o **Équité et non-discrimination :** Les principes d'équité et de non-discrimination, garantissant que les systèmes d'IA ne sont pas utilisés de manière à désavantager injustement les individus ou les groupes.

  - o **Transparence et explicabilité :** L'importance de la transparence et de l'explicabilité, garantissant que les individus comprennent comment les systèmes d'IA sont utilisés et comment ils prennent des décisions.

  - o **Supervision humaine et responsabilité :** La nécessité de la supervision humaine et de la responsabilité, garantissant que les humains restent en contrôle des systèmes d'IA et qu'il existe des mécanismes pour traiter les erreurs ou les abus.

Exigences en matière de ressources : Garantir que les organismes notifiés ont ce dont ils ont besoin

Réaliser des évaluations approfondies et impartiales des systèmes d'IA à haut risque nécessite plus que de l'expertise ; cela nécessite également des ressources adéquates. La loi européenne sur l'IA exige que les organismes notifiés aient les ressources nécessaires pour accomplir efficacement leurs rôles. Ces ressources incluent :

- **Personnel :** Les organismes notifiés doivent avoir un nombre suffisant de personnel qualifié avec l'expertise nécessaire pour évaluer les systèmes d'IA à haut risque. Cela peut impliquer de recruter des individus avec des compétences spécialisées en IA, gestion des données, gestion des risques, cybersécurité, conformité réglementaire ou éthique. Cela nécessite également de fournir à ces individus une formation continue pour maintenir leurs connaissances et compétences à jour.

- **Ressources financières :** Les organismes notifiés ont besoin de ressources financières adéquates pour soutenir leurs opérations, y compris les coûts de recrutement et de formation du personnel, d'investissement dans l'équipement et les infrastructures, et de maintien de leur accréditation. Leur financement provient généralement des frais facturés pour leurs services d'évaluation, et ces frais doivent être fixés de manière équitable et transparente, garantissant qu'ils ne créent pas d'incitation pour l'organisme notifié à favoriser certains fournisseurs.

- **Infrastructure :** Les organismes notifiés ont besoin d'une infrastructure appropriée pour soutenir leurs activités d'évaluation. Cela peut inclure des installations sécurisées pour stocker des données sensibles, un équipement spécialisé pour tester et évaluer les systèmes d'IA, et des canaux de communication sécurisés pour partager des informations avec les fournisseurs et les régulateurs.

- **Système de gestion de la qualité :** Les organismes notifiés doivent avoir un système de gestion de la qualité robuste en place pour garantir la cohérence et la qualité de leurs évaluations. Ce système doit inclure des procédures pour gérer les conflits d'intérêts, garantir l'impartialité des évaluations, traiter les plaintes, et améliorer continuellement leurs processus.

Le processus de notification : Devenir un évaluateur approuvé

Avant qu'un organisme d'évaluation de la conformité puisse agir en tant qu'organisme notifié sous la loi européenne sur l'IA, il doit suivre un processus de notification pour démontrer qu'il répond aux exigences strictes de la loi en matière d'indépendance, de compétence et de ressources. Ce processus implique :

- **Demande :** L'organisme d'évaluation de la conformité soumet une demande à l'autorité de notification nationale dans l'État membre de l'UE où il est établi. La demande inclut une description des activités d'évaluation que l'organisme prévoit de réaliser, des types de systèmes d'IA qu'il est qualifié pour évaluer, et des preuves qu'il répond aux exigences de la loi en matière d'indépendance, de compétence et de ressources. Ces preuves peuvent inclure des organigrammes, des états financiers, des qualifications du personnel, des descriptions des procédures d'évaluation, et des détails sur son système de gestion de la qualité.

- **Évaluation :** L'autorité de notification nationale évalue la demande, examine la documentation soumise et réalise des audits sur site des installations et processus de l'organisme. L'évaluation se concentre sur la vérification que l'organisme répond aux exigences de la loi et qu'il possède la compétence, l'expertise et les ressources nécessaires pour réaliser des évaluations efficacement et impartialement.

- **Désignation :** Si l'autorité de notification nationale est satisfaite que l'organisme répond aux exigences, elle le désigne comme organisme notifié pour les activités d'évaluation spécifiques et les types de systèmes d'IA pour lesquels il a postulé.

- **Notification :** L'autorité de notification nationale notifie ensuite la Commission européenne et les autres États membres de l'UE de la désignation. Cette notification inclut des détails sur l'organisme notifié, son champ d'activités, et les types de systèmes d'IA qu'il est qualifié pour évaluer.

- **Période d'objection :** Il y a une période d'objection de deux semaines pendant laquelle la Commission européenne ou d'autres États membres de l'UE peuvent soulever des objections à la désignation. Si aucune objection n'est soulevée, la désignation devient définitive, et l'organisme est autorisé à agir en tant qu'organisme notifié sous la loi sur l'IA.

- **Publication :** La Commission européenne publie une liste de tous les organismes notifiés sur son site web, offrant transparence et permettant aux fournisseurs d'identifier facilement les organismes d'évaluation qualifiés.

Surveillance et supervision continues : Garantir la compétence et la conformité continues

Le processus de notification n'est pas un événement ponctuel ; c'est le début d'un processus continu de surveillance et de supervision. Les autorités de notification nationales sont responsables de la supervision des activités des organismes notifiés, garantissant qu'ils continuent à répondre aux exigences de la loi et qu'ils réalisent leurs évaluations avec compétence et impartialité.

Cette surveillance et supervision continues peuvent impliquer :

- **Audits réguliers :** Réaliser des audits réguliers sur site des installations et processus de l'organisme notifié pour vérifier sa conformité avec les exigences de la loi et pour évaluer sa compétence et son impartialité.

- **Révision des rapports d'évaluation :** Examiner un échantillon des rapports d'évaluation émis par l'organisme notifié pour évaluer la qualité et la cohérence de ses évaluations.

- **Traitement des plaintes :** Enquêter sur toute plainte reçue concernant les activités de l'organisme notifié, prendre des mesures appropriées pour traiter toute préoccupation fondée.

- **Coopération avec d'autres autorités :** Coordonner avec d'autres autorités nationales et avec la Commission européenne pour partager des informations sur les organismes notifiés et pour traiter toute question de conformité transfrontalière.

Cette surveillance et supervision continues aident à garantir que les organismes notifiés maintiennent leur compétence et leur impartialité, fournissant un mécanisme fiable et digne de confiance pour évaluer les systèmes d'IA à haut risque.

Choisir un organisme notifié : Trouver la bonne adéquation pour votre système d'IA

Les fournisseurs de systèmes d'IA à haut risque ont la liberté de choisir tout organisme notifié qualifié pour évaluer leur type spécifique de système. Ce choix est important, car l'organisme notifié jouera un rôle crucial dans le processus d'évaluation de la conformité et dans la garantie de la conformité du système avec les exigences de la loi sur l'IA.

Lors de la sélection d'un organisme notifié, les fournisseurs doivent prendre en compte des facteurs tels que :

- **Expertise :** L'organisme notifié doit avoir une expertise dans le type spécifique de système d'IA évalué, ainsi que dans les considérations réglementaires et éthiques pertinentes.

- **Expérience :** L'organisme notifié doit avoir un bilan d'évaluations de haute qualité, idéalement avec une expérience dans l'évaluation de types similaires de systèmes d'IA.

- **Réputation :** L'organisme notifié doit avoir une bonne réputation pour l'indépendance, la compétence et l'impartialité.

- **Communication et collaboration :** L'organisme notifié doit être réactif aux besoins du fournisseur, communiquant clairement et efficacement et travaillant en collaboration pour traiter tout problème qui survient.

- **Frais :** Les frais de l'organisme notifié doivent être raisonnables et transparents, reflétant la portée et la complexité de l'évaluation.

L'importance des organismes notifiés : Un pilier de la loi européenne sur l'IA

Les organismes notifiés jouent un rôle crucial dans le cadre de l'UE pour une IA digne de confiance. Leurs évaluations indépendantes et impartiales fournissent une couche vitale d'assurance, aidant à garantir que les systèmes d'IA à haut risque répondent aux exigences strictes de la loi et qu'ils sont utilisés de manière à bénéficier à la société tout en sauvegardant les droits et libertés individuels.

Leur implication dans le processus d'évaluation de la conformité aide à :

- **Instaurer la confiance dans la technologie de l'IA :** En fournissant une évaluation objective et impartiale des systèmes d'IA à haut risque, les organismes notifiés aident à instaurer la confiance dans ces technologies et à atténuer les préoccupations concernant leur potentiel de nuisance ou d'abus.

- **Garantir la conformité avec la loi sur l'IA :** Les organismes notifiés agissent en tant que gardiens, garantissant que seuls les systèmes conformes entrent sur le marché de l'UE et que ces systèmes répondent aux normes élevées de la loi en matière de sécurité, d'équité et de fiabilité.

- **Promouvoir un terrain de jeu équitable :** En appliquant les mêmes normes à tous les systèmes d'IA à haut risque, quelle que soit leur origine, les organismes notifiés aident à créer un terrain de jeu équitable pour les développeurs d'IA, garantissant que les fournisseurs basés dans l'UE et internationaux sont soumis aux mêmes exigences.

- **Faciliter l'innovation :** En fournissant des directives claires sur les exigences de conformité et en travaillant en collaboration avec les fournisseurs, les organismes notifiés peuvent aider à faciliter l'innovation dans le secteur de l'IA, encourageant le développement de nouvelles applications bénéfiques de l'IA.

- **Protéger les droits fondamentaux :** En évaluant soigneusement l'impact potentiel des systèmes d'IA à haut risque sur les droits fondamentaux, les organismes notifiés aident à garantir que ces systèmes sont utilisés de manière à respecter ces droits et à atténuer tout risque identifié.

Le cadre de la loi européenne sur l'IA pour les organismes notifiés témoigne de l'engagement de l'UE à construire un écosystème d'IA digne de confiance. Leurs évaluations indépendantes et impartiales, leur expertise technique, leurs procédures rigoureuses et leur surveillance et supervision continues fournissent un mécanisme robuste pour garantir que les systèmes d'IA à haut risque répondent aux plus hautes normes de sécurité, d'équité et de fiabilité.

CHAPITRE DIX-NEUF : Normes harmonisées et spécifications communes : Définir les références techniques

Nous avons vu comment l'AI Act de l'UE établit un cadre complet pour une IA digne de confiance, avec des exigences détaillées pour les systèmes à haut risque, des obligations pour les fournisseurs et les déployeurs, et même des mécanismes pour une évaluation indépendante de conformité. C'est un réseau complexe de règles et de procédures conçu pour garantir que l'IA est développée et déployée de manière responsable, en respectant les droits fondamentaux et en se protégeant contre les risques potentiels.

Mais au milieu de cette complexité, une question cruciale se pose : comment traduire ces principes et exigences abstraits en directives concrètes et exploitables ? Comment les développeurs d'IA peuvent-ils savoir précisément ce qu'ils doivent faire pour se conformer à l'Acte ? Comment les régulateurs peuvent-ils s'assurer que les évaluations sont cohérentes et que différents systèmes d'IA sont soumis aux mêmes normes ?

C'est là que les normes harmonisées et les spécifications communes jouent un rôle vital. Elles fournissent les plans techniques, les rouages qui traduisent les grands principes de l'Acte en critères spécifiques et mesurables. Pensez à elles comme les codes de construction pour une IA digne de confiance, fournissant les spécifications détaillées qui garantissent qu'une structure est sûre, fiable et répond aux normes requises.

Normes harmonisées : Définir les références pour une IA digne de confiance

Les normes harmonisées sont des spécifications techniques qui ont été développées par des organisations de normalisation européennes, telles que le CEN (Comité Européen de Normalisation), le CENELEC (Comité Européen de Normalisation Électrotechnique) et l'ETSI (Institut Européen des Normes de

Télécommunications), à la suite d'une demande de la Commission Européenne.

Ces normes sont volontaires, ce qui signifie que les développeurs d'IA ne sont pas légalement tenus de s'y conformer. Cependant, elles offrent un outil puissant pour démontrer la conformité avec l'AI Act. Si un système d'IA se conforme à une norme harmonisée pertinente, il est présumé se conformer aux exigences correspondantes de l'Acte. Cette présomption de conformité simplifie le processus de conformité pour les développeurs et fournit aux régulateurs une référence claire pour évaluer les systèmes d'IA.

Les normes harmonisées offrent de nombreux avantages pour l'écosystème de l'IA :

- **Clarté et spécificité :** Les normes harmonisées traduisent les grands principes et exigences de l'Acte en critères spécifiques et mesurables. Cette clarté aide les développeurs à comprendre exactement ce qu'ils doivent faire pour se conformer à l'Acte, réduisant l'incertitude et facilitant le développement de systèmes d'IA dignes de confiance.

- **Cohérence et interopérabilité :** Les normes harmonisées garantissent que différents systèmes d'IA sont développés et évalués selon les mêmes critères. Cette cohérence favorise l'interopérabilité, permettant à différents systèmes de fonctionner ensemble sans heurts et facilitant la création d'un marché unifié de l'IA au sein de l'UE.

- **Réduction des coûts de conformité :** La conformité aux normes harmonisées peut réduire les coûts de conformité pour les développeurs. La présomption de conformité signifie que les développeurs n'ont pas besoin de démontrer séparément la conformité aux exigences de l'Acte si leur système se conforme déjà à une norme harmonisée pertinente. Cela peut économiser du temps, des efforts et des ressources.

- **Confiance et assurance renforcées :** La conformité aux normes harmonisées peut renforcer la confiance et l'assurance dans les systèmes d'IA. L'utilisation de normes reconnues démontre un engagement envers la qualité et la sécurité, fournissant une assurance aux utilisateurs, régulateurs et autres parties prenantes que le système répond aux références établies.

- **Facilitation de l'innovation :** Les normes harmonisées peuvent également faciliter l'innovation dans le secteur de l'IA. En fournissant des directives claires sur les exigences techniques et les meilleures pratiques, elles peuvent encourager le développement de nouvelles applications d'IA bénéfiques.

Développement des normes harmonisées : Un processus collaboratif

Le développement des normes harmonisées est un processus collaboratif, impliquant des contributions de diverses parties prenantes, notamment :

- **La Commission Européenne :** La Commission Européenne lance le processus en émettant une demande de normalisation aux organisations de normalisation européennes. Cette demande détaille les exigences spécifiques de l'AI Act que la norme doit aborder.

- **Organisations de normalisation européennes :** Les organisations de normalisation européennes, telles que le CEN, le CENELEC et l'ETSI, développent les normes, en s'appuyant sur leur expertise en normalisation et leur connaissance des technologies et industries pertinentes.

- **Parties prenantes :** Le processus de normalisation implique une consultation avec un large éventail de parties prenantes, y compris les développeurs, déployeurs, utilisateurs, experts et groupes de défense de l'IA. Cela garantit que les normes reflètent les besoins et préoccupations de tous ceux impliqués dans l'écosystème de l'IA.

Le développement des normes harmonisées est un processus itératif, impliquant des projets, des révisions et des révisions avant que la norme finale ne soit adoptée. Une fois adoptée, la norme est publiée dans le Journal Officiel de l'Union Européenne, la rendant officiellement reconnue comme un moyen de démontrer la conformité avec l'AI Act.

Spécifications communes : Combler les lacunes lorsque les normes sont insuffisantes

Bien que les normes harmonisées offrent un outil puissant pour démontrer la conformité avec l'AI Act, il existe des situations où elles peuvent ne pas suffire. Par exemple :

- **Aucune norme harmonisée n'existe :** Il peut ne pas y avoir de norme harmonisée qui aborde les exigences spécifiques de l'AI Act pour un type particulier de système d'IA.

- **Les normes harmonisées sont incomplètes :** Les normes harmonisées existantes peuvent ne pas couvrir entièrement toutes les exigences de l'Acte, laissant des lacunes dans la couverture.

- **Les normes harmonisées sont obsolètes :** Les normes peuvent être obsolètes et ne pas refléter les derniers développements en technologie de l'IA ou l'évolution de la compréhension des risques et des considérations éthiques.

Dans ces cas, la Commission Européenne peut établir des spécifications communes pour combler les lacunes. Les spécifications communes sont des spécifications techniques qui fournissent un autre moyen de démontrer la conformité avec l'AI Act lorsque les normes harmonisées ne sont pas disponibles ou suffisantes.

Le développement des spécifications communes suit un processus similaire à celui des normes harmonisées, impliquant des contributions de la Commission Européenne, des organisations de normalisation et des parties prenantes. Cependant, les spécifications communes sont établies par la Commission elle-même, plutôt que par les organisations de normalisation.

Utilisation des normes harmonisées et des spécifications communes : Une voie vers la conformité

Les développeurs d'IA peuvent utiliser les normes harmonisées et les spécifications communes comme guide pour développer et évaluer leurs systèmes d'IA à haut risque. La conformité à une norme harmonisée ou à une spécification commune pertinente fournit une présomption de conformité avec les exigences correspondantes de l'AI Act, simplifiant le processus de conformité.

Voici comment les développeurs peuvent tirer parti de ces normes et spécifications :

- **Conception et développement :** Les normes harmonisées et les spécifications communes fournissent des directives techniques détaillées sur la manière de concevoir et de développer des systèmes d'IA dignes de confiance. Elles décrivent les meilleures pratiques, les procédures recommandées et les exigences techniques spécifiques qui peuvent aider les développeurs à créer des systèmes répondant aux normes de l'Acte en matière de sécurité, d'équité et de fiabilité.

- **Évaluation de la conformité :** La conformité à une norme harmonisée ou à une spécification commune pertinente peut simplifier le processus d'évaluation de la conformité. Les organismes notifiés, responsables de l'évaluation de la conformité des systèmes d'IA à haut risque, tiendront généralement compte de la conformité aux normes lors de l'évaluation d'un système.

- **Documentation :** Les normes harmonisées et les spécifications communes peuvent également être utiles pour développer la documentation technique des systèmes d'IA à haut risque. La documentation doit inclure une liste des normes et spécifications auxquelles le système se conforme, fournissant des preuves de conformité et facilitant l'examen par les régulateurs et autres parties prenantes.

Exemples de normes harmonisées et de spécifications communes pour l'IA

Le développement de normes harmonisées et de spécifications communes pour l'IA en est encore à ses débuts. Cependant, il existe déjà certaines normes existantes et initiatives en cours pertinentes pour l'AI Act de l'UE.

Voici quelques exemples :

- **ISO/IEC 22989:2022 - Intelligence artificielle — Biais dans les systèmes d'IA et aide à la prise de décision :** Cette norme fournit des directives sur l'identification, l'évaluation et l'atténuation des biais dans les systèmes d'IA, une préoccupation clé abordée par l'AI Act. Elle couvre divers types de biais, y compris le biais des données, le biais algorithmique et le biais humain, et fournit des recommandations pour le développement de systèmes d'IA équitables et sans biais.

- **ISO/IEC 42001:2021 - Intelligence artificielle — Système de gestion — Exigences :** Cette norme fournit un cadre pour l'établissement, la mise en œuvre, le maintien et l'amélioration continue d'un système de gestion de l'IA. Elle aborde divers aspects du développement et du déploiement de l'IA, y compris la gestion des risques, la gouvernance des données, la transparence et la responsabilité. Bien que cette norme ne soit pas spécifique aux systèmes d'IA à haut risque, elle fournit un cadre précieux qui peut être adapté pour répondre aux exigences de l'AI Act.

- **Feuille de route de normalisation de l'IA CEN-CENELEC :** Le CEN et le CENELEC ont développé une feuille de route conjointe pour la normalisation de l'IA, détaillant les domaines prioritaires pour le développement de normes harmonisées. Ces domaines prioritaires incluent :

    o **Fiabilité :** Aborder les principes fondamentaux de l'IA digne de confiance, tels que l'équité, la transparence, la responsabilité et la supervision humaine.

    o **Gestion des risques :** Développer des normes pour la gestion des risques dans l'IA, couvrant l'identification, l'évaluation, l'atténuation et la surveillance des risques.

    o **Qualité des données :** Établir des normes pour la qualité des données dans l'IA, abordant des questions telles que la pertinence, la représentativité, l'exactitude et l'absence de biais.

    o **Applications spécifiques de l'IA :** Développer des normes pour des applications spécifiques de l'IA, telles que les dispositifs médicaux, les véhicules autonomes et les systèmes de reconnaissance faciale.

L'avenir des normes harmonisées et des spécifications communes : Un paysage en évolution

Le paysage des normes harmonisées et des spécifications communes pour l'IA est en constante évolution, à mesure que de nouvelles technologies émergent, que notre compréhension des risques et des considérations éthiques se développe, et que l'AI Act lui-même est mis en œuvre et affiné.

La Commission Européenne devrait émettre d'autres demandes de normalisation aux organisations de normalisation européennes, abordant des exigences spécifiques de l'AI Act et promouvant le développement de nouvelles normes dans les domaines prioritaires. Les organisations de normalisation continueront à développer de nouvelles normes et à réviser celles existantes, garantissant qu'elles reflètent les derniers développements en technologie de l'IA et l'évolution de la compréhension des risques et des considérations éthiques.

Les parties prenantes, y compris les développeurs, déployeurs, utilisateurs, experts et groupes de défense de l'IA, continueront à jouer un rôle crucial dans le processus de normalisation, en fournissant des contributions, en partageant leur expertise et en s'assurant que les normes répondent aux besoins et préoccupations de tous ceux impliqués dans l'écosystème de l'IA.

Ce processus dynamique de normalisation et de développement de spécifications communes est essentiel pour garantir que la vision de l'AI Act de l'UE d'un écosystème d'IA digne de confiance devienne une réalité. En fournissant des directives concrètes et exploitables, les normes harmonisées et les spécifications communes aident à traduire les grands principes de l'Acte en exigences techniques spécifiques, facilitant le développement de systèmes d'IA sûrs, équitables et fiables qui bénéficient à la société.

CHAPITRE VINGT : Procédures d'évaluation de la conformité : Démontrer la conformité

Nous avons exploré les exigences détaillées de la loi de l'UE sur l'IA pour les systèmes d'IA à haut risque, les obligations imposées aux fournisseurs et aux déployeurs, ainsi que le rôle des organismes notifiés dans la garantie d'une évaluation de la conformité indépendante. C'est un cadre complet conçu pour favoriser un écosystème d'IA digne de confiance, promouvant l'innovation tout en sauvegardant les droits fondamentaux. Mais une question cruciale demeure : comment démontrons-nous réellement qu'un système d'IA à haut risque répond à ces exigences strictes ? Comment fournissons-nous les preuves, la preuve qu'un système est effectivement digne de confiance et prêt à être utilisé ? C'est ici que les procédures d'évaluation de la conformité entrent en jeu.

Pensez à l'évaluation de la conformité comme un processus d'inspection rigoureux, un moyen de mettre un système d'IA à haut risque à l'épreuve pour s'assurer qu'il répond aux normes élevées de la loi. C'est comme une série de tests et d'évaluations qu'une voiture doit passer avant d'être jugée apte à rouler et autorisée à circuler sur les routes publiques. Ces procédures fournissent un cadre structuré pour vérifier qu'un système est conçu, développé et déployé de manière à minimiser les risques et à protéger les droits individuels. Elles sont un pilier de l'approche de l'UE en matière de réglementation de l'IA, fournissant un mécanisme pour vérifier la conformité et pour instaurer la confiance dans la technologie de l'IA.

Une approche basée sur les risques : Adapter les évaluations au niveau de risque

La loi de l'UE sur l'IA n'impose pas une seule procédure d'évaluation de la conformité unique et universelle pour tous les systèmes d'IA à haut risque. Elle adopte une approche plus nuancée, adaptant les procédures d'évaluation au niveau de risque posé par le système. Cela signifie que les systèmes ayant un plus grand potentiel de nuisance ou un impact plus important sur les droits fondamentaux seront soumis à des procédures d'évaluation plus strictes.

La loi distingue deux principales catégories d'évaluation de la conformité :

- **Évaluation de la conformité par un tiers :** Cela implique une évaluation indépendante par un organisme notifié, une organisation accréditée qui se spécialise dans l'évaluation des systèmes d'IA. L'évaluation de la conformité par un tiers fournit un niveau d'assurance plus élevé, car elle apporte une perspective objective et impartiale au processus d'évaluation.

- **Auto-évaluation :** Cela implique que le fournisseur du système d'IA réalise lui-même l'évaluation. L'auto-évaluation est généralement autorisée pour les systèmes présentant un niveau de risque plus faible, où les conséquences potentielles des erreurs ou des abus sont moins graves.

Les procédures spécifiques d'évaluation de la conformité applicables à un système d'IA particulier dépendront de son utilisation prévue et de sa classification en tant que système à haut risque en vertu de la loi. Examinons les différentes procédures en détail.

Évaluation de la conformité pour les systèmes d'IA intégrés dans les produits : Utiliser les cadres existants

Pour les systèmes d'IA à haut risque intégrés dans des produits couverts par la législation existante de l'UE en matière d'harmonisation, tels que les dispositifs médicaux, les machines ou les jouets, la procédure d'évaluation de la conformité est intégrée dans les cadres existants pour ces produits. Cette approche simplifiée évite une duplication inutile des efforts et garantit la cohérence du processus d'évaluation.

La loi sur l'IA exige que les exigences spécifiques pour les systèmes d'IA à haut risque soient prises en compte lors de l'évaluation de la conformité de ces produits. Cela signifie que les organismes notifiés responsables de l'évaluation de ces produits doivent également avoir la compétence et l'expertise pour évaluer les composants d'IA.

Par exemple, un dispositif médical intégrant un système d'IA à haut risque, tel qu'un outil de diagnostic analysant des images médicales, serait soumis aux procédures d'évaluation de la conformité décrites dans le Règlement de l'UE sur les dispositifs médicaux (MDR). L'organisme notifié responsable de l'évaluation du dispositif devrait vérifier que le système d'IA répond aux exigences de la loi sur l'IA en matière de gestion des risques, de qualité des données, de transparence, de supervision humaine, de précision, de robustesse et de cybersécurité, en plus des exigences spécifiques du MDR pour les dispositifs médicaux.

Cette intégration des exigences spécifiques à l'IA dans les cadres existants d'évaluation de la conformité des produits garantit une approche holistique, évaluant à la fois le produit dans son ensemble et scs composants d'IA pour garantir la sécurité, la fiabilité et la fiabilité.

Évaluation de la conformité pour les systèmes d'IA autonomes : Une approche à deux niveaux

Pour les systèmes d'IA à haut risque qui ne sont pas intégrés dans des produits et qui ne sont pas couverts par la législation existante de l'UE en matière d'harmonisation, la loi sur l'IA établit une approche à deux niveaux pour l'évaluation de la conformité, distinguant les systèmes nécessitant une évaluation par un tiers et ceux pouvant être auto-évalués.

Niveau 1 : Évaluation de la conformité par un tiers pour les systèmes à haut risque

L'évaluation de la conformité par un tiers, réalisée par un organisme notifié indépendant, est obligatoire pour certaines catégories de systèmes d'IA à haut risque autonomes. Ce niveau de contrôle plus élevé est réservé aux systèmes présentant un plus grand potentiel de nuisance ou ayant un impact plus significatif sur les droits fondamentaux.

La loi sur l'IA impose spécifiquement une évaluation de la conformité par un tiers pour les types suivants de systèmes d'IA à haut risque autonomes :

- **Systèmes d'identification biométrique à distance :** Ces systèmes identifient les individus à distance à l'aide de leurs données biométriques, telles que leur visage, leur iris ou leur démarche. Ils soulèvent des préoccupations particulières en matière de confidentialité, de discrimination et de potentiel d'abus, rendant l'évaluation indépendante essentielle.

- **Systèmes d'IA destinés à être utilisés dans l'application de la loi, la migration, le contrôle des frontières ou l'asile :** Ces systèmes sont utilisés dans des contextes où les enjeux sont élevés et les conséquences potentielles des erreurs ou des abus peuvent être graves. L'évaluation indépendante aide à garantir que ces systèmes sont utilisés de manière responsable et éthique, en respectant les droits fondamentaux.

Le processus d'évaluation de la conformité par un tiers : Un examen détaillé

Le processus d'évaluation de la conformité par un tiers pour les systèmes d'IA à haut risque autonomes implique un examen détaillé de la conception, du développement et des tests du système, ainsi que de sa conformité aux exigences spécifiques de la loi. L'organisme notifié suit généralement une procédure en plusieurs étapes :

- **Demande :** Le fournisseur du système d'IA soumet une demande à un organisme notifié qualifié pour évaluer son type de système. La demande comprend la documentation technique du système, qui, comme nous l'avons vu, fournit un enregistrement complet de la conception, du développement et des tests du système, ainsi que de sa conformité aux exigences de la loi.

- **Examen de la documentation :** L'organisme notifié examine la documentation technique, évaluant son exhaustivité, son exactitude et sa cohérence avec les exigences de la loi. Cet examen se concentre sur la compréhension de la fonctionnalité du système, de ses pratiques de gestion des données, de ses processus de gestion des risques et des garanties mises en place.

- **Tests et évaluations :** L'organisme notifié peut réaliser des tests et des évaluations indépendants du système d'IA pour vérifier ses performances et sa conformité aux exigences de la loi. Cela peut impliquer de tester la précision, la robustesse et l'équité du système, ainsi que d'évaluer ses pratiques de gestion des données et ses mesures de sécurité. Les tests et évaluations spécifiques réalisés dépendront du type de système d'IA et de son utilisation prévue.

- **Inspection sur site :** L'organisme notifié peut réaliser une inspection sur site des installations ou des processus du fournisseur pour vérifier que le système est développé et déployé conformément aux exigences de la loi. Cela peut impliquer d'inspecter les procédures de gestion des données du fournisseur, ses processus de gestion des risques, son système de management de la qualité et ses pratiques de cybersécurité.

- **Décision :** Sur la base de l'examen de la documentation technique, des résultats de tous les tests et évaluations, et des conclusions de l'inspection sur site, l'organisme notifié prend une décision sur la conformité du système d'IA aux exigences de la loi sur l'IA.

- Si le système est jugé conforme : L'organisme notifié délivre un certificat de conformité au fournisseur. Ce certificat est un document formel qui atteste de la conformité du système et permet au fournisseur de mettre le système sur le marché de l'UE ou de le mettre en service.

- Si le système n'est pas conforme : L'organisme notifié délivre un rapport de non-conformité au fournisseur, détaillant les domaines spécifiques où le système ne répond pas aux exigences de la loi. Le fournisseur est alors tenu de remédier aux non-conformités identifiées avant que le système puisse être mis sur le marché ou mis en service.

Niveau 2 : Auto-évaluation pour les systèmes à risque plus faible

Pour d'autres catégories de systèmes d'IA à haut risque autonomes, la loi sur l'IA autorise l'auto-évaluation par le fournisseur. Cette approche moins stricte est autorisée pour les systèmes où les conséquences potentielles des erreurs ou des abus sont moins graves et où l'impact sur les droits fondamentaux est moins significatif.

Cependant, même si l'auto-évaluation n'implique pas de révision indépendante par un tiers, elle nécessite toujours que les fournisseurs adoptent une approche systématique et approfondie pour démontrer la conformité. Les fournisseurs doivent :

- **Suivre le module d'évaluation de la conformité pertinent :** La loi sur l'IA décrit des modules spécifiques d'évaluation de la conformité pour différents types de systèmes d'IA à haut risque. Ces modules spécifient les étapes que les fournisseurs doivent suivre pour démontrer la conformité, telles que l'examen de la documentation technique, la réalisation de tests et d'évaluations, et la mise en œuvre d'un système de management de la qualité.

- **Rédiger la documentation technique :** Les fournisseurs doivent préparer une documentation technique complète pour leurs systèmes d'IA, en suivant les directives de la loi. Cette documentation fournit un enregistrement détaillé de la conception, du développement, des tests et de la gestion des risques du système, servant de preuve de conformité et facilitant l'examen par les régulateurs.

- **Délivrer une déclaration de conformité de l'UE :** Une fois l'auto-évaluation terminée, le fournisseur doit délivrer une déclaration de conformité de l'UE, affirmant que le système répond aux exigences de la loi. La déclaration de conformité est un document juridiquement contraignant qui engage la responsabilité du fournisseur quant à la conformité du système.

- **Apposer le marquage CE :** Le système doit être apposé du marquage CE, indiquant la conformité avec la réglementation de l'UE. Le marquage CE permet au système de circuler librement sur le marché de l'UE.

- **Enregistrer le système :** Les fournisseurs de systèmes d'IA à haut risque, y compris ceux auto-évalués, doivent enregistrer leurs systèmes dans la base de données de l'UE pour les systèmes d'IA à haut risque. Cette base de données fournit de la transparence et permet aux régulateurs de surveiller les systèmes mis sur le marché.

Évaluation de la conformité pour les systèmes d'IA à usage général : Une nouvelle frontière

La loi de l'UE sur l'IA aborde également une nouvelle frontière dans la technologie de l'IA : les systèmes d'IA à usage général. Ces systèmes sont conçus pour réaliser une grande variété de tâches et peuvent être adaptés à différentes applications. Ils ont souvent de grandes capacités, traitant de vastes quantités de données et prenant des décisions complexes.

Bien que la loi ne classe pas tous les systèmes d'IA à usage général comme à haut risque, elle reconnaît que ces systèmes ont le potentiel de poser des risques significatifs, en particulier lorsqu'ils sont utilisés dans des applications à haut risque ou lorsqu'ils présentent des risques systémiques. Les risques systémiques sont ceux qui pourraient avoir des conséquences généralisées et potentiellement catastrophiques, telles que perturber les infrastructures critiques ou saper les processus démocratiques.

La loi établit des exigences spécifiques pour les fournisseurs de systèmes d'IA à usage général, se concentrant sur :

- **Transparence :** Les fournisseurs doivent fournir des informations détaillées sur leurs systèmes, y compris leurs capacités, leurs limitations et leurs risques potentiels. Ils doivent également mettre en place des politiques pour se conformer à la loi sur le droit d'auteur de l'UE, en particulier lorsque leurs systèmes sont formés sur du matériel protégé par le droit d'auteur.

- **Atténuation des risques :** Les fournisseurs de systèmes d'IA à usage général présentant des risques systémiques doivent prendre des mesures pour évaluer et atténuer ces risques. Cela peut impliquer de réaliser des tests adverses de leurs systèmes, de mettre en œuvre des mesures de cybersécurité robustes et d'établir des directives claires pour leur utilisation.

- **Coopération avec les autorités :** Les fournisseurs doivent coopérer avec le Bureau de l'IA, un nouvel organe établi par la loi pour superviser la mise en œuvre de la réglementation de l'IA, fournir des informations et faciliter les enquêtes.

Évaluation de la conformité et la chaîne de valeur de l'IA : Une responsabilité partagée

Bien que la principale responsabilité de l'évaluation de la conformité incombe au fournisseur du système d'IA, d'autres acteurs de la chaîne de valeur de l'IA ont également un rôle à jouer.

- **Importateurs et distributeurs :** Comme nous l'avons vu, les importateurs et distributeurs sont responsables de vérifier que les systèmes qu'ils manipulent répondent aux exigences de la loi, y compris celles liées à l'évaluation de la conformité.

- **Déployeurs :** Les déployeurs sont responsables de la mise en œuvre et de l'exploitation des systèmes d'IA à haut risque conformément aux exigences de la loi. Ils ont également la responsabilité de surveiller les performances du système et de signaler tout incident grave au fournisseur et aux autorités compétentes.

- **Organismes notifiés :** Les organismes notifiés jouent un rôle crucial dans le processus d'évaluation de la conformité, fournissant des évaluations indépendantes et impartiales des systèmes d'IA à haut risque. Leur expertise et leurs procédures rigoureuses permettent de garantir que ces systèmes répondent aux normes élevées de la loi.

Cette responsabilité partagée reflète la nature complexe et interconnectée de l'écosystème de l'IA. Garantir la fiabilité de l'IA nécessite une collaboration et une coopération entre tous les acteurs impliqués dans le développement, le déploiement et l'utilisation de ces systèmes.

Évaluation de la conformité : Un processus dynamique et évolutif

Le paysage de l'évaluation de la conformité pour les systèmes d'IA est dynamique et évolutif, à mesure que de nouvelles technologies émergent, que notre compréhension des risques et des considérations éthiques se développe, et que la loi sur l'IA elle-même est mise en œuvre et affinée.

La Commission européenne a l'autorité de mettre à jour les modules et procédures d'évaluation de la conformité, ainsi que la liste des systèmes d'IA à haut risque nécessitant une évaluation par un tiers. Les organisations de normalisation continueront à développer de nouvelles normes harmonisées et à réviser celles existantes, fournissant un point de référence crucial pour démontrer la conformité.

Les parties prenantes, y compris les développeurs, les déployeurs, les utilisateurs, les experts et les groupes de défense de l'IA, continueront à jouer un rôle vital dans la définition du paysage de l'évaluation de la conformité, en fournissant des contributions, en partageant leur expertise et en garantissant que les procédures sont efficaces pour promouvoir une IA digne de confiance.

Ce processus continu d'adaptation et d'évolution est essentiel pour garantir que la loi de l'UE sur l'IA reste pertinente et efficace pour relever les défis et les opportunités de la technologie de l'IA. Les procédures d'évaluation de la conformité, en fournissant un mécanisme pour vérifier la conformité et pour instaurer la confiance, sont un pilier de la vision de l'UE pour un avenir où l'IA bénéficie à la société tout en sauvegardant les droits et libertés individuels.

CHAPITRE VINGT-ET-UN : Marquage CE et Enregistrement : Faciliter la Libre Circulation sur le Marché Intérieur

Nous avons parcouru le paysage complexe de l'Acte IA de l'UE, explorant ses principes, ses exigences et les rôles des différents acteurs dans la création d'un écosystème IA digne de confiance. Nous avons vu comment l'Acte met l'accent sur la gestion des risques, la qualité des données, la transparence, la supervision humaine et des normes techniques robustes. Mais un aspect crucial de la vision de l'Acte est de créer un marché unique pour une IA digne de confiance au sein de l'Union européenne, permettant aux systèmes IA conformes de circuler librement à travers les frontières, de stimuler l'innovation et de promouvoir un terrain de jeu équitable pour les développeurs d'IA.

Pensez à l'UE comme un espace unique et interconnecté où les biens, les services et les personnes peuvent circuler librement sans rencontrer de barrières ou de restrictions. Cette libre circulation est une pierre angulaire de l'identité de l'UE, permettant la croissance économique, favorisant la collaboration et renforçant les liens entre les États membres.

L'Acte IA de l'UE vise à étendre ce principe de libre circulation aux systèmes IA dignes de confiance. Il souhaite créer un environnement où les systèmes conformes, ceux qui répondent aux normes élevées de l'Acte, peuvent être facilement échangés et déployés dans toute l'UE, indépendamment de leur lieu de développement. Cette libre circulation de l'IA digne de confiance est cruciale pour :

- **Promouvoir l'innovation :** En permettant aux systèmes IA de circuler librement à travers les frontières, l'Acte encourage l'innovation et la concurrence, favorisant le développement de nouvelles applications IA bénéfiques pour toute la société. Il empêche la fragmentation du marché, où différents États membres pourraient imposer leurs propres règles contradictoires, créant des barrières au commerce et entravant l'adoption de l'IA.

- **Niveler le terrain de jeu :** L'Acte garantit que tous les systèmes IA, qu'ils soient développés au sein de l'UE ou importés d'autres pays, sont soumis aux mêmes normes élevées. Cela nivelle le terrain de jeu, empêchant les entreprises de contourner les règles en opérant depuis l'extérieur de l'UE et garantissant que tous les utilisateurs au sein de l'UE bénéficient des garanties de l'Acte.

- **Étendre l'accès au marché :** La libre circulation étend l'accès au marché pour les développeurs d'IA, leur permettant d'atteindre un public plus large de clients potentiels dans toute l'UE. Cela peut être particulièrement bénéfique pour les petites entreprises et les startups, leur permettant de rivaliser avec les grands acteurs et d'apporter leurs solutions IA innovantes à un marché plus large.

- **Simplifier la conformité :** L'Acte simplifie la conformité pour les développeurs d'IA, leur permettant de démontrer la conformité une fois, puis de faire circuler librement leurs systèmes dans toute l'UE. Cela réduit la charge administrative et les coûts, libérant des ressources pour l'innovation et le développement.

Pour faciliter cette libre circulation de l'IA digne de confiance, l'Acte IA repose sur deux mécanismes clés : le marquage CE et l'enregistrement.

Marquage CE : Le Symbole de l'IA Digne de Confiance

Imaginez-vous marcher dans un supermarché, parcourant les rayons à la recherche de produits. Vous voyez une grande variété de biens, des aliments et boissons aux appareils électroniques et électroménagers. Comment savez-vous quels produits sont sûrs à utiliser, lesquels répondent aux normes de qualité et lesquels sont conformes aux réglementations de l'UE ?

Vous cherchez le marquage CE, bien sûr. Le marquage CE est un symbole apposé sur les produits conformes aux directives et réglementations pertinentes de l'UE. C'est un label de qualité, un signe visible que le produit a subi les procédures d'évaluation de conformité appropriées et qu'il répond aux exigences essentielles de l'UE en matière de sécurité, de santé et de protection de l'environnement.

Le marquage CE n'est pas seulement une formalité bureaucratique ; c'est un symbole puissant de confiance et de certitude. Il indique aux consommateurs que le produit qu'ils achètent répond aux normes établies et qu'il est sûr à utiliser. Il permet également aux produits de circuler librement sur le marché de l'UE, facilitant le commerce et promouvant la concurrence.

L'Acte IA de l'UE étend ce système bien établi de marquage CE aux systèmes IA à haut risque. Il oblige les fournisseurs à apposer le marquage CE sur leurs systèmes conformes, indiquant qu'ils ont subi les procédures d'évaluation de conformité appropriées et qu'ils répondent aux exigences spécifiques de l'Acte. Ce marquage sert plusieurs objectifs cruciaux :

- **Démontrer la conformité :** Le marquage CE est un symbole visible et reconnaissable de conformité avec l'Acte IA. Il indique aux déployeurs, utilisateurs et régulateurs que le système a été évalué et qu'il répond aux normes élevées de l'Acte en matière de sécurité, d'équité et de fiabilité.

- **Faciliter la libre circulation :** Le marquage CE permet aux systèmes IA à haut risque de circuler librement sur le marché de l'UE. Une fois un système évalué et le marquage CE apposé, il peut être vendu et déployé dans n'importe quel État membre de l'UE sans évaluation ou autorisation supplémentaire.

- **Promouvoir un terrain de jeu équitable :** Le marquage CE garantit que tous les systèmes IA à haut risque, quelle que soit leur origine, sont soumis aux mêmes normes élevées. Cela empêche les entreprises de contourner les règles en opérant depuis l'extérieur de l'UE et garantit que tous les utilisateurs au sein de l'UE bénéficient des garanties de l'Acte.

- **Renforcer la confiance et la certitude :** Le marquage CE peut renforcer la confiance et la certitude dans les systèmes IA. Il fournit l'assurance aux déployeurs et utilisateurs que le système répond aux normes établies et qu'il est sûr et fiable à utiliser.

Apposition du Marquage CE : Un Symbole Visible de Conformité

Le marquage CE doit être apposé sur les systèmes IA à haut risque de manière visible, lisible et indélébile. Cela signifie qu'il doit être :

- **Visible :** Le marquage doit être facilement vu et identifiable, pas caché ou obscurci.

- **Lisible :** Le marquage doit être clair et facile à lire, avec les lettres "CE" distinctes et bien formées.

- **Indélébile :** Le marquage doit être permanent et résistant à l'effacement, à l'étalement ou à l'enlèvement.

La méthode spécifique pour apposer le marquage CE variera en fonction de la nature du système IA.

- **Pour les systèmes IA physiques :** Le marquage CE peut être apposé directement sur le système lui-même, tel que sur une étiquette ou une plaque. Par exemple, un robot pourrait avoir le marquage CE gravé sur son châssis.

- **Pour les systèmes IA logiciels :** Le marquage CE peut être inclus dans l'interface utilisateur du logiciel, dans sa documentation accompagnante ou sur une étiquette attachée au support physique sur lequel le logiciel est distribué. Par exemple, un logiciel de diagnostic médical pourrait avoir le marquage CE affiché dans son menu principal ou sur le CD d'installation.

- **Pour les systèmes IA fournis numériquement :** Le marquage CE peut être affiché sur le site web ou la plateforme à partir de laquelle le système est accessible. Par exemple, un service IA basé sur le cloud pourrait avoir le marquage CE affiché sur sa page de connexion.

Informations Supplémentaires Accompagnant le Marquage CE : Fournir un Contexte et une Traçabilité

En plus du marquage CE lui-même, l'Acte IA oblige les fournisseurs à inclure des informations supplémentaires pour fournir un contexte et une traçabilité. Ces informations incluent généralement :

- **Le numéro d'identification du fournisseur :** Il s'agit d'un numéro unique attribué au fournisseur par l'autorité nationale de notification. Ce numéro aide à identifier le fournisseur du système IA, promouvant la responsabilité et facilitant la traçabilité.

- **Le numéro d'identification de l'organisme notifié (le cas échéant) :** Si l'évaluation de conformité a été réalisée par un organisme notifié tiers, le numéro d'identification de l'organisme notifié doit également être inclus. Ce numéro aide à identifier l'organisme qui a évalué le système, permettant aux utilisateurs et régulateurs de vérifier la validité de l'évaluation.

- **Une URL vers des informations supplémentaires (facultatif) :** Le fournisseur peut également inclure une URL qui mène à un site web ou une plateforme où les utilisateurs peuvent trouver des informations supplémentaires sur le système IA, telles que ses spécifications techniques, son évaluation des risques ou son plan de surveillance post-mise sur le marché.

Ces informations supplémentaires aident les utilisateurs, déployeurs et régulateurs à comprendre le contexte du marquage CE, à vérifier son authenticité et à accéder à des informations plus détaillées sur le système IA.

Enregistrement : Créer de la Transparence et Permettre la Surveillance

Le marquage CE est un symbole puissant de conformité, mais ce n'est qu'une partie de l'histoire. L'Acte IA de l'UE oblige également les fournisseurs de systèmes IA à haut risque, y compris ceux auto-évalués, à enregistrer leurs systèmes dans une base de données centrale de l'UE. Cette base de données fournit de la transparence et permet aux régulateurs de surveiller les systèmes mis sur le marché et mis en service au sein de l'UE.

L'obligation d'enregistrement sert plusieurs objectifs cruciaux :

- **Créer un répertoire central d'informations :** La base de données fournit un répertoire central d'informations sur les systèmes IA à haut risque disponibles dans l'UE. Ces informations incluent des détails sur l'objectif prévu du système, sa fonctionnalité, son évaluation des risques, son statut d'évaluation de conformité et les coordonnées du fournisseur. Ce répertoire central permet aux régulateurs d'accéder facilement aux informations sur les systèmes à haut risque, facilitant la surveillance du marché et l'application.

- **Permettre la surveillance du marché et l'application :** La base de données aide les régulateurs à identifier les systèmes IA à haut risque mis sur le marché et à surveiller leur conformité avec les exigences de l'Acte. Elle leur permet d'identifier rapidement les fournisseurs qui ne respectent pas les règles, d'initier des enquêtes et de prendre des mesures correctives si nécessaire.

- **Promouvoir la transparence et la responsabilité :** La base de données fournit de la transparence, permettant au public de voir quels systèmes IA à haut risque sont disponibles dans l'UE et d'accéder à des informations sur ces systèmes. Cette transparence encourage la responsabilité, incitant les fournisseurs à se conformer aux exigences de l'Acte et à développer des systèmes sûrs, équitables et dignes de confiance.

- **Faciliter la recherche et l'analyse :** La base de données peut également être une ressource précieuse pour les chercheurs et les analystes, leur fournissant une vue d'ensemble complète des systèmes IA à haut risque utilisés dans l'UE. Ces informations peuvent être utilisées pour étudier l'impact de l'IA sur la société, identifier les tendances émergentes et développer des recommandations pour les politiques et la réglementation.

Le Processus d'Enregistrement : Une Procédure Simple et Efficace

Le processus d'enregistrement pour les systèmes IA à haut risque est conçu pour être simple et efficace. Les fournisseurs doivent généralement fournir les informations suivantes :

- **Informations sur le fournisseur :** Le nom, l'adresse, les coordonnées et tout numéro d'enregistrement ou d'autorisation pertinent du fournisseur.

- **Identification du système :** Une identification claire du système IA, incluant son nom, son numéro de version et tout autre identifiant pertinent.

- **Objectif prévu :** Une description de l'objectif prévu du système, spécifiant les tâches qu'il est conçu pour accomplir, les utilisateurs cibles et les résultats attendus.

- **Fonctionnalité :** Une description de la fonctionnalité du système, incluant les types de données qu'il traite, les algorithmes qu'il utilise et les décisions qu'il prend.

- **Évaluation des risques :** Un résumé de l'évaluation des risques du système, détaillant les risques identifiés, leur gravité et leur probabilité, et les mesures d'atténuation mises en œuvre.

- **Informations sur l'évaluation de conformité :** Détails sur la procédure d'évaluation de conformité réalisée, incluant le nom et le numéro d'identification de l'organisme notifié (le cas échéant), la date de l'évaluation et le statut de l'évaluation (conforme ou non conforme).

- **Informations sur le marquage CE :** Confirmation que le système porte le marquage CE et détails sur l'endroit où le marquage est apposé (par exemple, sur le système lui-même, sur son emballage ou dans sa documentation).

- **Instructions d'utilisation :** Une copie des instructions d'utilisation qui accompagnent le système.

- **Informations supplémentaires :** Toute autre information pertinente, telle qu'une URL vers un site web ou une plateforme où les utilisateurs peuvent trouver des informations plus détaillées sur le système IA.

Une fois que le fournisseur a soumis ces informations, le Bureau IA, l'organisme responsable de la gestion de la base de données, examine les informations et ajoute le système à la base de données.

Considérations Spécifiques pour Certains Systèmes à Haut Risque : Équilibrer Transparence et Sécurité

L'Acte IA de l'UE reconnaît que pour certains systèmes IA à haut risque, tels que ceux utilisés dans les forces de l'ordre ou la migration, rendre toutes les informations publiquement accessibles pourrait compromettre la sécurité ou les enquêtes en cours.

Pour ces systèmes, l'Acte permet l'enregistrement dans une section à accès restreint de la base de données, où les informations ne sont accessibles qu'au personnel autorisé, tel que les régulateurs et les agences de maintien de l'ordre. Cette approche équilibrée garantit la transparence et la responsabilité tout en protégeant les informations sensibles.

Marquage CE et Enregistrement : Travailler Ensemble pour Promouvoir la Libre Circulation et la Confiance

Le marquage CE et l'enregistrement sont des mécanismes complémentaires qui travaillent ensemble pour faciliter la libre circulation des systèmes IA dignes de confiance au sein de l'UE. Ils fournissent un cadre pour :

- **Démontrer la conformité :** Le marquage CE fournit un symbole visible de conformité avec l'Acte IA, tandis que l'enregistrement dans la base de données de l'UE fournit un enregistrement plus détaillé du statut de conformité du système et de ses caractéristiques clés.

- **Faciliter la surveillance du marché :** Le marquage CE permet aux régulateurs d'identifier facilement les systèmes conformes, tandis que la base de données leur fournit un répertoire central d'informations sur tous les systèmes IA à haut risque, leur permettant de surveiller le marché et de prendre des mesures d'application si nécessaire.

- **Promouvoir la transparence et la responsabilité :** Le marquage CE fournit un signe visible de fiabilité, tandis que la base de données permet au public d'accéder à des informations sur les systèmes à haut risque, favorisant la responsabilité et encourageant la conformité.

Ces mécanismes, en promouvant un terrain de jeu équitable, en simplifiant la conformité et en renforçant la confiance, jouent un rôle crucial dans la réalisation de la vision de l'Acte IA de l'UE d'un marché unique pour une IA digne de confiance. Ils encouragent l'innovation, étendent l'accès au marché et protègent les droits fondamentaux, ouvrant la voie à un avenir où l'IA bénéficie à la société tout en respectant les principes éthiques.

CHAPITRE VINGT-DEUX : Modèles d'IA à Usage Général : Comprendre leur Portée et leur Impact

Jusqu'à présent, nous avons surtout parlé de systèmes d'IA ayant un but spécifique. Pensez à un système d'IA qui aide les médecins à diagnostiquer le cancer ou à une IA qui signale des transactions frauduleuses par carte de crédit. Ces systèmes sont conçus pour une tâche particulière. Mais le monde de l'IA évolue rapidement, et une nouvelle génération d'IA émerge : les modèles d'IA à usage général.

Ces modèles sont comme des couteaux suisses de l'IA. Ils ne sont pas conçus pour une tâche spécifique mais peuvent être adaptés à une large gamme d'applications. Ils sont construits sur des quantités massives de données et ont des capacités remarquables, allant de l'écriture de différents types de contenu créatif et de la réponse à vos questions de manière informative, même si elles sont ouvertes, stimulantes ou étranges, à la traduction de langues et à la génération de différents formats de texte créatif, comme des poèmes, du code, des scripts, des morceaux de musique, des emails, des lettres, etc.

Pensez à eux comme l'équivalent en IA d'un individu multi-talentueux, quelqu'un qui peut écrire un roman, composer une symphonie et résoudre des équations mathématiques complexes, le tout avec une remarquable compétence. Ces modèles d'IA à usage général redéfinissent le paysage de l'IA, ouvrant des possibilités passionnantes, mais présentent également de nouveaux défis pour les régulateurs et les décideurs. L'Acte Européen sur l'IA, conçu pour favoriser un écosystème d'IA digne de confiance, reconnaît la nature unique de ces modèles et établit des règles spécifiques pour régir leur développement, leur déploiement et leur utilisation. Ce chapitre explore le monde des modèles d'IA à usage général, en examinant leurs capacités, leur impact potentiel et l'approche de l'Acte sur l'IA pour les réguler.

Du Spécifique au Général : Un Changement de Paradigme dans l'IA

Traditionnellement, les systèmes d'IA ont été conçus pour des objectifs spécifiques, adaptés pour résoudre des problèmes ou des tâches particuliers. Cette approche de l'IA "étroite" a conduit à des percées remarquables dans divers domaines, de la reconnaissance d'images et du traitement du langage naturel à la détection de fraudes et au diagnostic médical.

Cependant, cette concentration sur des tâches spécifiques a des limitations. Chaque système d'IA étroite est comme un spécialiste, hautement qualifié dans son domaine particulier mais incapable de réaliser des tâches en dehors de son champ d'expertise. Cela nécessite le développement de systèmes d'IA séparés pour différentes tâches, un processus chronophage et intensif en ressources.

Les modèles d'IA à usage général représentent un changement de paradigme dans l'IA, s'éloignant de cette vision étroite et se tournant vers des systèmes aux capacités plus larges. Ces modèles sont entraînés sur des quantités énormes de données, englobant souvent des types divers d'informations, comme du texte, des images, de l'audio et du code. Cet entraînement large leur permet de développer une compréhension plus générale du monde, leur permettant de s'adapter à une large gamme de tâches sans nécessiter de réentraînement ou de reprogrammation extensifs.

Capacités et Applications : Une Main-d'Œuvre d'IA Multi-Talentueuse

Les capacités des modèles d'IA à usage général s'étendent constamment à mesure que la recherche avance et que les modèles sont entraînés sur des ensembles de données de plus en plus grands. Ces modèles démontrent déjà leur compétence dans diverses tâches, y compris :

- **Traitement du langage naturel :** Les modèles d'IA à usage général peuvent comprendre et générer le langage humain avec une remarquable fluidité, leur permettant de réaliser des tâches telles que la traduction, la synthèse de texte, la réponse à des questions et même l'écriture créative.

- **Vision par ordinateur :** Ces modèles peuvent analyser et interpréter des images et des vidéos, leur permettant de réaliser des tâches telles que la reconnaissance d'objets, la classification d'images et la compréhension de scènes.

- **Génération de code :** Certains modèles d'IA à usage général peuvent générer du code informatique dans divers langages de programmation, aidant les développeurs de logiciels à automatiser des tâches et à créer de nouvelles applications.

- **Analyse de données et prédiction :** Ces modèles peuvent analyser des ensembles de données complexes, identifier des motifs et faire des prédictions, aidant dans des tâches telles que la prévision des tendances du marché, la prédiction du comportement des clients ou l'identification des risques potentiels.

- **Création de contenu :** Les modèles d'IA à usage général sont utilisés pour créer diverses formes de contenu, telles que l'écriture d'articles, la composition de musique, la génération d'images et même la création de vidéos.

Cette large gamme de capacités ouvre un large spectre d'applications potentielles à travers divers secteurs :

- **Santé :** Aider les médecins à diagnostiquer des maladies, développer des plans de traitement personnalisés et accélérer la découverte de médicaments.

- **Éducation :** Personnaliser les expériences d'apprentissage pour les étudiants, fournir un tutorat automatisé et créer du contenu éducatif adaptatif.

- **Finance :** Automatiser les tâches financières, détecter les fraudes et fournir des conseils en investissement personnalisés.

- **Service client :** Fournir un support client 24/7 via des chatbots alimentés par l'IA, répondre aux questions, résoudre les problèmes et personnaliser les interactions.

- **Fabrication :** Optimiser les processus de production, prédire les pannes d'équipement et améliorer le contrôle de la qualité.

- **Recherche et développement :** Accélérer la découverte scientifique, analyser des ensembles de données complexes et générer de nouvelles hypothèses.

L'Impact de l'IA à Usage Général : Remodeler les Industries et la Société

L'émergence des modèles d'IA à usage général est sur le point d'avoir un impact profond sur les industries et la société dans son ensemble.

- **Automatisation accrue :** Ces modèles peuvent automatiser une large gamme de tâches, potentiellement conduisant à une efficacité accrue, à des coûts réduits et à des changements sur le marché du travail. Certains emplois pourraient être automatisés, tandis que de nouveaux emplois émergeront probablement, nécessitant des compétences dans le développement, le déploiement et la supervision de l'IA.

- **Créativité et innovation améliorées :** Les modèles d'IA à usage général peuvent augmenter la créativité humaine, fournissant de nouveaux outils pour l'expression artistique, la création de contenu et la découverte scientifique.

- **Expériences personnalisées :** Ces modèles peuvent être utilisés pour créer des expériences hautement personnalisées, adaptant les produits, services et informations aux besoins et préférences individuels.

- **Prise de décision améliorée :** Les modèles d'IA à usage général peuvent aider les humains à prendre de meilleures décisions en analysant des données complexes, en identifiant des motifs et en fournissant des informations qui ne seraient pas immédiatement apparentes pour les humains.

L'Acte Européen sur l'IA et l'IA à Usage Général : Équilibrer l'Innovation avec des Sauvegardes

L'Acte Européen sur l'IA, avec son accent sur l'IA digne de confiance, reconnaît à la fois les avantages potentiels et les risques potentiels associés aux modèles d'IA à usage général. L'Acte vise à encourager le développement et le déploiement de ces modèles tout en s'assurant qu'ils sont utilisés de manière responsable et éthique, en respectant les droits fondamentaux et en atténuant les dommages potentiels.

L'approche de l'Acte pour réguler les modèles d'IA à usage général est basée sur plusieurs principes clés :

1. Flexibilité et Proportionnalité : S'Adapter au Paysage de l'IA en Évolution

L'Acte reconnaît que les modèles d'IA à usage général sont une technologie en rapide évolution, avec de nouvelles capacités et applications émergeant tout le temps. Pour éviter d'étouffer l'innovation, l'Acte adopte une approche flexible et proportionnée de la régulation, évitant des règles trop prescriptives qui pourraient rapidement devenir obsolètes ou entraver le développement d'applications d'IA bénéfiques.

Au lieu de classer tous les modèles d'IA à usage général comme à haut risque, l'Acte se concentre sur les modèles qui présentent des risques spécifiques, comme ceux utilisés dans des applications à haut risque ou qui posent des risques systémiques. Cette approche basée sur le risque permet une réponse réglementaire plus ciblée et efficace, se concentrant sur les déploiements d'IA les plus impactants.

2. Transparence : Rendre l'IA Compréhensible et Responsable

L'Acte souligne l'importance de la transparence pour les modèles d'IA à usage général. Il exige des fournisseurs de ces modèles :

- **Fournir une documentation technique détaillée :** Les fournisseurs doivent rédiger une documentation technique qui décrit la conception du modèle, ses données d'entraînement, ses capacités, ses limitations, ses risques potentiels et les mesures prises pour atténuer ces risques. Cette documentation sert de plan pour comprendre le modèle, facilitant l'examen par les régulateurs et autres parties prenantes.

- **Fournir des informations claires aux utilisateurs en aval :** Les fournisseurs doivent fournir des informations claires et compréhensibles aux utilisateurs en aval, tels que les développeurs qui intègrent le modèle dans leurs systèmes d'IA ou les déployeurs qui utilisent le système dans des applications pratiques. Ces informations doivent inclure des détails sur les capacités, les limitations et les risques potentiels du modèle, ainsi que les procédures recommandées pour son utilisation sûre et responsable.

- **Publier des résumés des données d'entraînement :** Les fournisseurs doivent publier des résumés du contenu utilisé pour entraîner leurs modèles d'IA à usage général, offrant de la transparence sur les sources de données et les biais potentiels qui pourraient être intégrés dans le modèle.

Ces exigences de transparence aident à démystifier les modèles d'IA à usage général, les rendant plus compréhensibles et responsables. Elles permettent aux régulateurs, développeurs, déployeurs et utilisateurs de mieux évaluer les risques potentiels associés à ces modèles et de prendre des décisions plus éclairées sur leur utilisation.

3. Adresser les Préoccupations de Droit d'Auteur : Respecter les Droits de Propriété Intellectuelle

Les modèles d'IA à usage général sont souvent entraînés sur des quantités massives de données, y compris du texte, des images, de l'audio et du code. Cela soulève des préoccupations de violation de droit d'auteur, en particulier lorsque les données d'entraînement incluent du matériel protégé par le droit d'auteur.

L'Acte Européen sur l'IA aborde ces préoccupations en exigeant des fournisseurs de modèles d'IA à usage général :

- **Mettre en place des politiques pour se conformer à la législation européenne sur le droit d'auteur :** Les fournisseurs doivent établir des politiques et des procédures claires pour s'assurer que leurs modèles sont entraînés sur des données qu'ils ont le droit d'utiliser. Cela peut impliquer d'obtenir des licences des détenteurs de droits d'auteur, d'utiliser des ensembles de données publiquement disponibles ou d'entraîner les modèles sur des données qui ne sont pas soumises à la protection du droit d'auteur.

- **Identifier et se conformer aux réserves de droits :** L'Acte exige spécifiquement des fournisseurs d'identifier et de se conformer aux réserves de droits exprimées par les détenteurs de droits d'auteur. Selon la législation européenne sur le droit d'auteur, les détenteurs de droits d'auteur ont le droit de réserver leurs droits sur leurs œuvres, les empêchant d'être utilisées pour l'exploration de texte et de données sans leur autorisation. Les fournisseurs de modèles d'IA à usage général doivent respecter ces réserves de droits, s'assurant qu'ils n'utilisent pas de matériel protégé par le droit d'auteur pour l'entraînement sans l'autorisation nécessaire.

Ces dispositions visent à trouver un équilibre entre la promotion de l'innovation dans l'IA et le respect des droits des détenteurs de droits d'auteur. Elles encouragent l'utilisation de sources de données légales et éthiques pour entraîner les modèles d'IA à usage général, contribuant à un écosystème d'IA digne de confiance.

4. Atténuer les Risques Systémiques : Prévenir les Dommages Étendus

L'Acte Européen sur l'IA reconnaît que les modèles d'IA à usage général, en raison de leurs capacités élevées et de leur potentiel pour des applications très diverses, peuvent poser des risques systémiques. Les risques systémiques sont ceux qui pourraient avoir des conséquences étendues et potentiellement catastrophiques, comme :

- **Perturber les infrastructures critiques :** Un système d'IA à usage général défaillant ou manipulé malicieusement pourrait perturber les infrastructures critiques, telles que les réseaux électriques, les réseaux de transport ou les systèmes de communication, conduisant à un chaos généralisé et à des dommages économiques.

- **Saper les processus démocratiques :** Ces systèmes pourraient être utilisés pour manipuler l'opinion publique, répandre la désinformation ou interférer avec les élections, menaçant l'intégrité des institutions démocratiques.

- **Exacerber les inégalités sociales :** Si utilisés de manière irresponsable, les systèmes d'IA à usage général pourraient exacerber les inégalités sociales existantes, amplifier les biais et discriminer les groupes vulnérables.

Pour aborder ces risques systémiques, l'Acte établit des exigences spécifiques pour les fournisseurs de modèles d'IA à usage général qui présentent ces risques :

- **Classer les modèles à fort impact :** L'Acte établit des critères pour classer les modèles d'IA à usage général comme à fort impact. Ces critères incluent des facteurs tels que les capacités du modèle, la quantité de calcul utilisée pour l'entraînement, sa portée sur le marché et le nombre d'utilisateurs qu'il affecte. Les modèles qui répondent à ces critères sont présumés poser des risques systémiques et sont soumis à des exigences réglementaires plus strictes.

- **Réaliser une évaluation du modèle :** Les fournisseurs de modèles d'IA à usage général à fort impact doivent réaliser des évaluations approfondies de leurs modèles pour identifier et atténuer les risques systémiques potentiels. Cela peut impliquer de réaliser des tests contradictoires, où le modèle est intentionnellement soumis à des entrées malveillantes ou à des conditions inattendues pour évaluer sa résilience. Cela peut également impliquer d'analyser les sorties du modèle pour identifier des biais ou des vulnérabilités potentiels.

- **Mettre en œuvre des mesures d'atténuation des risques :** Les fournisseurs doivent mettre en œuvre des mesures appropriées pour atténuer les risques systémiques identifiés. Cela peut impliquer d'améliorer la robustesse du modèle, de mettre en œuvre des mesures de cybersécurité robustes, d'établir des directives claires pour son utilisation ou même de restreindre son déploiement dans certains contextes.

- **Surveillance et rapport :** Les fournisseurs doivent surveiller en continu leurs modèles à fort impact pour détecter des signes de risques systémiques et doivent rapporter tout incident sérieux ou toute violation potentielle au Bureau de l'IA.

5. Gouvernance et Surveillance : Assurer un Développement et un Déploiement Responsables

L'Acte Européen sur l'IA établit un nouveau cadre de gouvernance pour l'IA, créant un organe dédié, le Bureau de l'IA, pour superviser la mise en œuvre des régulations de l'IA. Le Bureau de l'IA joue un rôle central dans la régulation des modèles d'IA à usage général, avec des responsabilités qui incluent :

- **Surveiller le paysage de l'IA :** Le Bureau de l'IA est chargé de surveiller le paysage de l'IA en évolution, d'identifier les tendances émergentes et d'évaluer les risques potentiels.

- **Développer des lignes directrices et des bonnes pratiques :** Le Bureau de l'IA développera des documents d'orientation et des bonnes pratiques pour les fournisseurs, les déployeurs et autres parties prenantes, les aidant à comprendre les exigences de l'Acte et à mettre en œuvre une IA digne de confiance.

- **Enquêter sur les non-conformités potentielles :** Le Bureau de l'IA a l'autorité d'enquêter sur les non-conformités potentielles avec l'Acte sur l'IA, y compris celles liées aux modèles d'IA à usage général. Cela peut impliquer de demander des informations aux fournisseurs, de réaliser des audits ou d'initier des actions d'application.

- **Faciliter la coopération et la coordination :** Le Bureau de l'IA facilitera la coopération et la coordination entre les autorités nationales responsables de la surveillance du marché, ainsi qu'avec d'autres parties prenantes, telles que les organisations de normalisation, les institutions de recherche et les groupes de défense.

Le rôle du Bureau de l'IA est crucial pour s'assurer que la vision de l'Acte Européen sur l'IA pour un écosystème d'IA digne de confiance est réalisée, en particulier dans le paysage en rapide évolution des modèles d'IA à usage général.

6. Codes de Pratique : Encourager l'Autorégulation de l'Industrie

L'Acte Européen sur l'IA encourage l'autorégulation de l'industrie par le développement de codes de pratique. Les codes de pratique sont des lignes directrices volontaires développées par les parties prenantes de l'industrie pour promouvoir un développement et un déploiement responsables de l'IA. Ils peuvent fournir des conseils plus détaillés sur des aspects spécifiques des exigences de l'Acte, adaptés aux besoins de secteurs ou d'industries particuliers.

Le Bureau de l'IA jouera un rôle dans la facilitation du développement de codes de pratique pour les modèles d'IA à usage général. Cela peut impliquer de fournir des orientations, de soutenir la collaboration entre les parties prenantes et de promouvoir l'adoption des bonnes pratiques.

IA à Usage Général : Une Force pour le Bien ?

Les modèles d'IA à usage général ont un immense potentiel pour bénéficier à la société. Ils peuvent automatiser des tâches, améliorer la créativité, personnaliser les expériences et améliorer la prise de décision. Ils peuvent révolutionner les industries, accélérer la découverte scientifique et aborder certains des défis les plus pressants de l'humanité.

Cependant, ces technologies puissantes présentent également de nouveaux risques, en particulier le potentiel de dommages systémiques et l'amplification des inégalités sociales existantes. L'Acte Européen sur l'IA, avec son accent sur l'IA digne de confiance, vise à exploiter le potentiel de ces modèles tout en atténuant leurs risques. C'est un cadre pour s'assurer que l'IA reste sous contrôle humain, que son développement et son déploiement sont guidés par des principes éthiques, et qu'elle sert finalement les meilleurs intérêts de l'humanité.

CHAPITRE VINGT-TROIS : Risques systémiques : identifier et atténuer les menaces potentielles

Nous avons exploré la frontière en expansion des modèles d'IA à usage général, nous émerveillant de leur polyvalence et de la vaste gamme d'applications qu'ils déverrouillent. Ces couteaux suisses d'IA recèlent un immense potentiel pour révolutionner les industries, stimuler l'innovation et même aborder les grands défis de l'humanité. Pourtant, comme pour tout outil puissant, leurs capacités puissantes soulèvent des préoccupations quant aux conséquences imprévues potentielles, en particulier l'émergence de risques systémiques.

Les risques systémiques, contrairement aux risques plus localisés dont nous avons discuté précédemment, sont ceux qui pourraient se propager à travers tout l'écosystème de l'IA et avoir des conséquences dévastatrices de grande envergure. Pensez-y comme un virus qui peut se propager rapidement à travers un réseau, causant une perturbation généralisée et des dommages. Ces risques ne sont pas confinés à un seul système ou application d'IA ; ils peuvent émerger de la nature interconnectée de l'IA elle-même, de la manière dont ces modèles sont développés, déployés et interconnectés, et de la manière dont ils interagissent avec le monde plus large.

Le Règlement européen sur l'IA, avec son accent sur une IA digne de confiance, adopte une approche proactive pour aborder les risques systémiques, visant à anticiper et à atténuer ces menaces avant qu'elles ne puissent causer des dommages généralisés. Il reconnaît que la nature même des modèles d'IA à usage général, leur adaptabilité, leurs capacités élevées et leur potentiel d'adoption généralisée les rendent particulièrement sujets aux risques systémiques.

Ce chapitre explore le cadre du Règlement sur l'IA pour identifier et atténuer les risques systémiques, examinant les défis uniques que posent ces risques et les stratégies pour garantir que l'IA reste une force pour le bien, même si ses capacités deviennent de plus en plus puissantes.

Comprendre les risques systémiques : une toile de menaces interconnectées

Les risques systémiques dans l'IA ne sont pas une entité singulière ; ils englobent une toile complexe de menaces interconnectées, chacune avec ses propres caractéristiques et conséquences potentielles. Ces risques peuvent provenir de diverses sources, et leur impact peut se répercuter à travers de multiples niveaux de l'écosystème de l'IA, des modèles et systèmes individuels aux industries entières et même à la société dans son ensemble.

Pour comprendre la nature des risques systémiques, décomposons quelques facteurs clés qui contribuent à leur émergence :

- **Capacités à fort impact :** Les modèles d'IA à usage général, en particulier ceux formés sur des ensembles de données massifs et utilisant des algorithmes avancés, ont des capacités à fort impact. Ils peuvent traiter des quantités massives d'informations, prendre des décisions complexes et même générer du contenu novateur. Bien que ces capacités déverrouillent des possibilités remarquables, elles augmentent également le potentiel de conséquences imprévues. Une petite erreur ou un biais dans un modèle à fort impact, s'il est amplifié par une utilisation généralisée, pourrait avoir des répercussions significatives. Par exemple, un modèle de langage formé sur des données biaisées pourrait générer du contenu discriminatoire qui se diffuse rapidement en ligne, renforçant les stéréotypes nuisibles et alimentant la division sociale.

- **Portée et interconnexion des modèles :** Les modèles d'IA à usage général sont souvent conçus pour être largement accessibles et adaptables, permettant leur intégration dans une diversité de systèmes et d'applications d'IA. Cette portée et cette interconnexion accrues augmentent le

207

potentiel de propagation des risques systémiques. Imaginez un modèle utilisé à la fois dans les voitures autonomes et les systèmes de trading financier. Une vulnérabilité dans ce modèle, s'il est exploité par des acteurs malveillants, pourrait perturber à la fois les réseaux de transport et les marchés financiers, causant des dommages économiques généralisés et potentiellement même mettre des vies en danger.

- **Conditions d'abus :** La très grande adaptabilité des modèles d'IA à usage général les rend sensibles à l'abus. Des acteurs malveillants pourraient exploiter ces modèles pour créer des deepfakes, propager de la désinformation, développer des systèmes d'armes autonomes, ou même prendre le contrôle d'infrastructures critiques.

- **Manque de transparence et d'explicabilité :** La complexité des modèles d'IA à usage général rend souvent difficile la compréhension de la manière dont ils parviennent à leurs conclusions. Ce manque de transparence et d'explicabilité peut entraver l'identification et l'atténuation des risques systémiques. Il peut également éroder la confiance dans les systèmes d'IA, rendant plus difficile de traiter les problèmes potentiels.

- **Nature évolutive de l'IA :** Le rythme rapide de la recherche et du développement de l'IA signifie que de nouveaux modèles, algorithmes et capacités émergent constamment. Cette nature évolutive de l'IA rend difficile l'anticipation et la gestion des risques systémiques, car de nouvelles menaces peuvent apparaître rapidement, souvent avant que des garde-fous ne puissent être mis en place.

L'approche du Règlement sur l'IA : un cadre pour la gestion proactive des risques

Le Règlement européen sur l'IA, avec son accent sur une IA digne de confiance, adopte une approche proactive pour aborder les risques systémiques. Il reconnaît que ces risques ne peuvent pas être entièrement éliminés, mais il vise à les atténuer par une combinaison de :

- **Identification précoce :** Le Règlement souligne l'importance d'identifier les risques systémiques tôt dans le cycle de vie de l'IA, idéalement lors de la phase de développement du modèle. Cela permet aux fournisseurs de mettre en œuvre des mesures d'atténuation avant que le modèle ne soit largement déployé et interconnecté, réduisant le potentiel de dommages généralisés.

- **Évaluation et atténuation des risques :** Les fournisseurs de modèles d'IA à usage général à fort impact sont tenus de réaliser des évaluations approfondies des risques, d'identifier les risques systémiques potentiels et de mettre en œuvre des mesures pour atténuer ces risques. Cela pourrait impliquer le renforcement de la robustesse du modèle, la mise en œuvre de garde-fous en matière de cybersécurité, l'établissement de lignes directrices claires pour son utilisation, ou même la restriction de son déploiement dans certains contextes.

- **Transparence et partage d'informations :** Le Règlement promeut la transparence et le partage d'informations sur les modèles d'IA à usage général, exigeant des fournisseurs qu'ils fournissent des informations détaillées sur leurs modèles, y compris leurs capacités, limitations et risques potentiels. Cette transparence permet aux régulateurs, développeurs, déployeurs et utilisateurs de mieux comprendre ces modèles et de prendre des décisions plus éclairées concernant leur utilisation.

- **Gouvernance et supervision :** Le Bureau de l'IA, un nouvel organisme créé par le Règlement, joue un rôle central dans la supervision de la mise en œuvre des réglementations sur l'IA et dans la gestion des risques systémiques. Il surveillera le paysage de l'IA, développera des lignes directrices et des meilleures pratiques, enquêtera sur les non-conformités potentielles et facilitera la coopération entre les parties prenantes.

- **Autorégulation de l'industrie :** Le Règlement encourage l'autorégulation de l'industrie par le biais de codes de pratique, qui sont des lignes directrices volontaires développées par les parties prenantes de l'industrie pour promouvoir un développement et un déploiement responsables de l'IA. Les codes de pratique peuvent fournir des lignes directrices plus détaillées sur des aspects spécifiques des exigences du Règlement, adaptées aux besoins de secteurs ou d'industries particuliers.

Identifier les risques systémiques : un défi multifacette

L'identification des risques systémiques dans l'IA est un défi multifacette, nécessitant une compréhension approfondie à la fois des aspects techniques des systèmes d'IA et du contexte sociétal plus large dans lequel ces systèmes opèrent. Il ne s'agit pas seulement de chercher des défauts dans les algorithmes ; il s'agit de considérer les conséquences potentielles de l'impact de l'IA sur divers aspects de la vie humaine, des systèmes économiques et des processus politiques aux interactions sociales et aux normes culturelles.

Le Règlement européen sur l'IA décrit plusieurs critères pour identifier les modèles d'IA à usage général qui posent des risques systémiques :

- **Capacités à fort impact :** Le Règlement reconnaît que les risques systémiques sont plus susceptibles d'émerger de modèles ayant des capacités à fort impact, ceux qui peuvent traiter de vastes quantités de données, prendre des décisions complexes et générer du contenu novateur. Pour évaluer les capacités d'un modèle, le Règlement prend en compte des facteurs tels que :

  - **Le nombre de paramètres :** Cela fait référence au nombre de variables ajustables dans un modèle, qui reflète souvent sa complexité et sa capacité à apprendre des données. Les modèles avec un plus grand nombre de paramètres tendent à avoir des capacités plus élevées.

- ○ **La qualité et la taille des données d'entraînement :** La qualité et la taille des données d'entraînement peuvent influencer de manière significative les capacités d'un modèle. Les modèles formés sur des ensembles de données plus grands et plus diversifiés ont généralement des capacités plus larges et sont mieux à même de s'adapter à de nouvelles tâches.

- ○ **La quantité de calcul utilisée pour l'entraînement :** L'entraînement de modèles d'IA puissants nécessite d'énormes ressources de calcul. La quantité de calcul utilisée pour l'entraînement peut être un indicateur des capacités du modèle et de son impact potentiel.

- ○ **Modalités d'entrée et de sortie :** Les modèles d'IA à usage général peuvent gérer divers types de données, telles que du texte, des images, de l'audio et du code. Les modalités d'entrée et de sortie du modèle peuvent influencer ses applications potentielles et ses risques potentiels.

- ○ **Benchmarks et évaluations :** Le Règlement encourage l'utilisation de benchmarks et d'évaluations normalisés pour évaluer les capacités des modèles d'IA à usage général. Ces benchmarks peuvent fournir un cadre commun pour comparer différents modèles et identifier ceux ayant des capacités à fort impact.

- **Impact significatif sur le marché intérieur :** Le Règlement considère également la portée et l'impact du modèle sur le marché intérieur de l'UE comme un facteur

211

de détermination du risque systémique. Cela inclut des facteurs tels que :

- o **Le nombre d'entreprises et d'utilisateurs finaux** : Les modèles largement adoptés par les entreprises et les utilisateurs finaux ont un plus grand potentiel d'impact systémique. Le Règlement suppose qu'un modèle a un impact élevé sur le marché intérieur s'il est mis à la disposition d'au moins 10 000 utilisateurs professionnels enregistrés établis dans l'UE.

- o **Stratégies de distribution :** La manière dont un modèle est distribué et rendu accessible peut influencer sa portée et son impact. Les modèles facilement accessibles et adaptables sont plus susceptibles d'être largement adoptés, augmentant leur potentiel de risques systémiques.

- **Effets négatifs réels ou prévisibles :** Le Règlement considère également le potentiel du modèle à causer des effets négatifs réels ou prévisibles sur :

- o **La santé et la sécurité publiques :** Les modèles utilisés dans les soins de santé, les transports ou d'autres applications critiques pour la sécurité pourraient poser des risques pour la santé et la sécurité publiques s'ils dysfonctionnent ou sont mal utilisés.

- o **Les processus démocratiques :** Les modèles utilisés pour influencer l'opinion publique, propager de la désinformation ou interférer avec les élections pourraient poser des risques pour les processus démocratiques.

- o **La sécurité publique et économique :** Les modèles utilisés dans les infrastructures critiques, les systèmes financiers ou les applications de sécurité nationale pourraient poser des risques pour la sécurité publique et économique s'ils sont compromis ou mal utilisés.

- o **Les droits fondamentaux :** Les modèles qui traitent des données sensibles ou qui sont utilisés pour prendre des décisions concernant des individus pourraient poser des risques pour les droits fondamentaux, tels que le droit à la vie privée, à la non-discrimination ou à un procès équitable.

Atténuer les risques systémiques : une approche multicouche

L'atténuation des risques systémiques dans l'IA est un défi multicouche, nécessitant une combinaison de mesures techniques, organisationnelles et sociétales. Il ne s'agit pas seulement de corriger les défauts dans les algorithmes ; il s'agit de construire des garde-fous dans l'ensemble de l'écosystème de l'IA, de la phase de développement du modèle au déploiement et à l'utilisation des systèmes d'IA, et même d'aborder les implications sociétales plus larges de l'impact de l'IA.

Le Règlement européen sur l'IA décrit plusieurs stratégies pour atténuer les risques systémiques :

1. Évaluation et tests des modèles : tester les vulnérabilités

Les fournisseurs de modèles d'IA à usage général à fort impact sont tenus de réaliser des évaluations et des tests approfondis pour identifier et atténuer les risques systémiques potentiels. Cela pourrait impliquer :

- **Tests adversariaux :** Introduire intentionnellement des erreurs, des entrées inattendues ou des tentatives malveillantes de manipuler le comportement du modèle. Cela aide à identifier les vulnérabilités et à évaluer la résilience du modèle aux attaques ou aux conditions imprévues.

- **Tests de biais et d'équité :** Analyser les sorties du modèle pour détecter des signes de biais ou de discrimination, garantissant qu'il ne désavantage pas injustement des individus ou des groupes.

- **Tests de robustesse :** Évaluer la capacité du modèle à fonctionner de manière fiable même en présence d'erreurs, de défauts ou d'entrées inattendues, garantissant qu'il peut faire face aux défis du monde réel et maintenir des performances fiables.

- **Tests d'explicabilité :** Évaluer la transparence et l'explicabilité du modèle, garantissant que son processus décisionnel peut être compris par les opérateurs humains et que ses sorties peuvent être justifiées et contestées si nécessaire.

2. Mesures de cybersécurité : protéger les systèmes d'IA des attaques

À mesure que les systèmes d'IA deviennent plus prévalents et plus puissants, ils deviennent des cibles de plus en plus attrayantes pour les cyberattaques. Une attaque réussie sur un modèle d'IA à usage général à fort impact pourrait avoir des effets en cascade, perturbant de multiples applications et potentiellement causant des dommages généralisés.

Le Règlement sur l'IA exige des fournisseurs de ces modèles de mettre en œuvre des mesures robustes de cybersécurité pour protéger leurs systèmes des attaques. Ces mesures pourraient inclure :

- **Contrôle d'accès :** Limiter l'accès au modèle et à ses données aux utilisateurs autorisés. Cela pourrait impliquer l'utilisation de mots de passe forts, l'authentification à deux facteurs et le contrôle d'accès basé sur les rôles.

- **Chiffrement :** Protéger les données au repos et en transit en utilisant le chiffrement. Cela rend plus difficile pour les attaquants de voler ou de manipuler les données, même s'ils obtiennent l'accès au système.

- **Mises à jour de sécurité régulières :** Maintenir le logiciel et l'infrastructure du modèle à jour avec les derniers correctifs de sécurité. Cela aide à protéger contre les vulnérabilités connues qui pourraient être exploitées par des attaquants.

- **Balayage des vulnérabilités et tests d'intrusion :** Balayer régulièrement le modèle et son infrastructure pour détecter les vulnérabilités et effectuer des tests d'intrusion pour simuler des attaques et identifier les faiblesses dans les défenses du système.

- **Planification de la réponse aux incidents :** Développer un plan de réponse aux incidents qui décrit les étapes à suivre en cas d'incident de cybersécurité. Ce plan doit inclure des procédures pour détecter et contenir l'incident, récupérer de l'incident et notifier les individus et autorités concernés.

3. Stratégies d'atténuation des risques : construire des garde-fous dans l'écosystème de l'IA

En plus des évaluations de modèles et des mesures de cybersécurité, les fournisseurs de modèles d'IA à usage général à fort impact sont tenus de mettre en œuvre des stratégies d'atténuation des risques plus larges. Ces stratégies visent à construire des garde-fous dans l'ensemble de l'écosystème de l'IA, de la phase de développement du modèle au déploiement et à l'utilisation des systèmes d'IA.

Certaines stratégies clés d'atténuation des risques incluent :

- **Limiter l'accès et la distribution :** Les fournisseurs pourraient avoir besoin de restreindre l'accès à leurs modèles, limitant leur distribution à des partenaires de confiance ou exigeant des utilisateurs qu'ils répondent à certains critères avant de pouvoir accéder au modèle. Cela aide à prévenir l'abus et à réduire le potentiel de dommages généralisés.

- **Mettre en œuvre des mécanismes de surveillance et de contrôle :** Les fournisseurs peuvent intégrer des mécanismes de surveillance et de contrôle dans leurs modèles, leur permettant de suivre la manière dont le modèle est utilisé, d'identifier les abus potentiels et d'intervenir si nécessaire. Cela pourrait impliquer la journalisation des interactions des utilisateurs, l'analyse des sorties du modèle ou la configuration d'alertes pour un comportement inhabituel.

- **Développer des lignes directrices claires pour l'utilisation :** Les fournisseurs doivent fournir des lignes directrices claires pour l'utilisation de leurs modèles, décrivant les cas d'utilisation acceptables, les applications interdites et les meilleures pratiques pour un déploiement sûr et responsable. Ces lignes directrices aident à garantir que le modèle est utilisé conformément à son but prévu et que ses risques potentiels sont minimisés.

- **Promouvoir la supervision humaine :** Les fournisseurs doivent encourager l'utilisation de la supervision humaine dans les applications qui incorporent leurs modèles, en particulier dans les contextes à haut risque. Cela pourrait impliquer de fournir des conseils sur la mise en œuvre de mécanismes de supervision efficaces, de développer des outils qui facilitent l'intervention humaine, ou d'exiger une révision humaine des sorties du modèle dans certains scénarios.

4. Aborder les implications sociétales : une approche holistique

L'atténuation des risques systémiques dans l'IA n'est pas seulement un défi technique ; elle nécessite également de traiter les implications sociétales plus larges de l'impact de l'IA. Le Règlement européen sur l'IA reconnaît que l'adoption généralisée des modèles d'IA à usage général pourrait avoir des effets profonds sur divers aspects de la vie humaine, nécessitant une approche holistique de la gestion des risques.

Certaines implications sociétales clés à considérer incluent :

- **L'impact sur le marché du travail :** Les modèles d'IA à usage général ont le potentiel d'automatiser une grande variété de tâches, potentiellement conduisant à un déplacement professionnel et à des changements sur le marché du travail. Aborder ce défi nécessite d'investir dans des programmes d'éducation et de formation pour équiper les travailleurs des compétences nécessaires pour les emplois de demain, ainsi que d'explorer des politiques telles que le revenu de base universel pour atténuer l'impact économique de l'automatisation.

- **Le potentiel de biais et de discrimination :** Les modèles d'IA sont formés sur des données, et si ces données reflètent les biais sociétaux existants, les modèles peuvent perpétuer et même amplifier ces biais. Aborder ce défi nécessite de développer des techniques pour identifier et atténuer les biais dans les modèles d'IA, ainsi que de promouvoir la diversité et l'inclusion dans la main-d'œuvre de l'IA.

- **L'impact sur la vie privée et la protection des données :** Les modèles d'IA à usage général traitent souvent de vastes quantités de données, soulevant des préoccupations concernant la vie privée et la protection des données. Aborder ce défi nécessite de mettre en œuvre des pratiques de gouvernance des données solides, garantissant que les données sont collectées, stockées et utilisées de manière responsable et éthique, et respectant les droits à la vie privée des individus.

- **Le potentiel d'abus par des acteurs malveillants :** Les modèles d'IA à usage général peuvent être détournés par des acteurs malveillants à diverses fins nuisibles, telles que créer des deepfakes, propager de la désinformation, développer des systèmes d'armes autonomes ou même prendre le contrôle d'infrastructures critiques. Aborder ce défi nécessite de développer des garde-fous pour prévenir l'abus, tels que limiter l'accès à ces modèles, mettre en œuvre des mesures de cybersécurité robustes et établir des cadres juridiques clairs pour punir les acteurs malveillants.

5. Gouvernance et supervision : le rôle du Bureau de l'IA

Le Bureau de l'IA, établi par le Règlement européen sur l'IA, joue un rôle crucial dans la gestion des risques systémiques. Il agit comme un organe central de coordination, supervisant la mise en œuvre des réglementations sur l'IA, surveillant le paysage de l'IA et facilitant la collaboration entre les parties prenantes.

Les responsabilités du Bureau de l'IA en matière de risques systémiques incluent :

- **Classer les modèles d'IA à usage général à fort impact :** Le Bureau de l'IA appliquera les critères du Règlement pour classer les modèles d'IA à usage général comme à fort impact, déterminant quels modèles sont soumis à des exigences réglementaires plus strictes.

- **Développer des lignes directrices et des meilleures pratiques :** Le Bureau de l'IA développera des documents de lignes directrices et des meilleures pratiques pour les fournisseurs, les déployeurs et autres parties prenantes, les aidant à comprendre les exigences du Règlement pour atténuer les risques systémiques et à mettre en œuvre une IA digne de confiance.

- **Surveiller et évaluer les risques systémiques :** Le Bureau de l'IA surveillera le paysage de l'IA pour détecter les risques systémiques émergents, en réalisant des recherches, en analysant des données et en collaborant avec des experts pour évaluer les menaces potentielles.

- **Enquêter sur les non-conformités potentielles :** Le Bureau de l'IA a l'autorité d'enquêter sur les non-conformités potentielles avec le Règlement sur l'IA, y compris celles liées aux risques systémiques. Cela pourrait impliquer de demander des informations aux fournisseurs, de réaliser des audits ou d'initier des actions d'exécution.

- **Faciliter la coopération et la coordination :** Le Bureau de l'IA facilitera la coopération et la coordination entre les autorités nationales responsables de la surveillance du marché, ainsi qu'avec d'autres parties prenantes, telles que les organisations de normalisation, les institutions de recherche et les groupes de défense des droits.

6. Autorégulation de l'industrie : codes de pratique pour une IA responsable

Le Règlement européen sur l'IA encourage l'autorégulation de l'industrie par le biais du développement de codes de pratique. Les codes de pratique sont des lignes directrices volontaires développées par les parties prenantes de l'industrie pour promouvoir un développement et un déploiement responsables de l'IA.

Ils peuvent fournir des lignes directrices plus détaillées sur des aspects spécifiques des exigences du Règlement, adaptées aux besoins de secteurs ou d'industries particuliers. Par exemple, un code de pratique pour les modèles d'IA à usage général pourrait fournir des recommandations spécifiques pour :

- **Procédures d'évaluation et de test des modèles :** Décrivant les meilleures pratiques pour les tests adversariaux, les tests de biais et d'équité, les tests de robustesse et les tests d'explicabilité.

- **Mesures de cybersécurité :** Spécifiant les pratiques de sécurité recommandées, telles que les mécanismes de contrôle d'accès, les protocoles de chiffrement, les

procédures de balayage des vulnérabilités et la
planification de la réponse aux incidents.

- **Stratégies d'atténuation des risques :** Fournissant des
  conseils sur la mise en œuvre de mesures d'atténuation des
  risques efficaces, telles que la limitation de l'accès et de la
  distribution, la mise en œuvre de mécanismes de
  surveillance et de contrôle, le développement de lignes
  directrices claires pour l'utilisation et la promotion de la
  supervision humaine.

Le Bureau de l'IA jouera un rôle dans la facilitation du
développement de codes de pratique pour les modèles d'IA à usage
général. Cela pourrait impliquer de fournir des conseils, de
soutenir la collaboration entre les parties prenantes et de
promouvoir l'adoption des meilleures pratiques.

Risques systémiques : un appel à l'action collective

Aborder les risques systémiques dans l'IA n'est pas seulement un
défi technique ; c'est un impératif sociétal. Cela nécessite un effort
collectif, impliquant la collaboration et la coopération entre les
développeurs, les déployeurs, les régulateurs, les décideurs, les
chercheurs et la société civile.

Le Règlement européen sur l'IA, avec son accent sur une IA digne
de confiance, fournit un cadre pour cette action collective. En
promouvant la transparence, en favorisant la responsabilité, en
établissant un système de gouvernance robuste et en encourageant
l'autorégulation de l'industrie, le Règlement vise à garantir que l'IA
reste une force pour le bien, même si ses capacités deviennent de
plus en plus puissantes. C'est une vision d'un avenir où l'IA
bénéficie à la société tout en protégeant les droits et libertés
individuels.

CHAPITRE VINGT-QUATRE : Bacs à sable réglementaires pour l'IA et tests en conditions réelles : Favoriser l'innovation

L'Acte européen sur l'IA vise à promouvoir un écosystème dynamique de l'IA au sein de l'Union européenne, en équilibrant l'innovation avec des garanties pour les droits fondamentaux. C'est un exercice d'équilibre délicat. D'une part, l'UE souhaite encourager le développement et l'adoption de l'IA, en reconnaissant son potentiel pour résoudre des problèmes, stimuler la croissance économique et améliorer nos vies. D'autre part, l'UE s'engage à protéger ses citoyens des éventuels préjudices, en veillant à ce que l'IA soit utilisée de manière éthique, responsable et respectueuse des valeurs humaines.

Cet équilibre est particulièrement difficile à atteindre dans le monde rapide de l'IA, où de nouvelles technologies, applications et modèles économiques émergent constamment. L'Acte doit être suffisamment flexible pour accommoder cette innovation, en fournissant un cadre qui encourage l'expérimentation et l'exploration tout en garantissant que l'IA est utilisée en toute sécurité et de manière éthique. C'est là que les bacs à sable réglementaires pour l'IA et les cadres de tests en conditions réelles interviennent.

Ces mécanismes offrent un environnement contrôlé pour que les développeurs d'IA testent leurs innovations dans des contextes réels, en recueillant des données précieuses, en affinant leurs systèmes et en démontrant leur conformité avec les exigences de l'Acte. Imaginez-les comme des espaces sécurisés pour l'expérimentation, comme une piste d'essai où de nouveaux modèles de voitures peuvent être testés avant de prendre la route.

Ces bacs à sable et cadres de tests en conditions réelles sont essentiels pour :

- **Encourager l'innovation :** En fournissant un environnement contrôlé pour les tests, ils abaissent les barrières à l'entrée pour les développeurs d'IA, en particulier les petites entreprises et les startups. Cela encourage l'expérimentation, permettant aux développeurs d'explorer de nouvelles idées, d'affiner leurs systèmes et de mettre leurs innovations sur le marché plus rapidement.

- **Faciliter l'apprentissage réglementaire :** Ces mécanismes fournissent des informations précieuses pour les régulateurs, leur permettant de comprendre comment l'IA est développée et déployée en pratique et d'identifier les risques ou défis potentiels qui pourraient nécessiter une régulation. Ce retour d'expérience réel aide les régulateurs à affiner leurs politiques et à créer un cadre réglementaire plus efficace et adaptable.

- **Construire la confiance dans l'IA :** En permettant aux systèmes d'IA d'être testés dans des contextes réels sous des conditions contrôlées, ces mécanismes peuvent aider à construire la confiance dans la technologie de l'IA. Ils démontrent que des garanties sont en place, que les risques sont gérés et que l'IA est utilisée de manière responsable.

- **Équilibrer l'innovation avec les garanties :** Les bacs à sable réglementaires pour l'IA et les tests en conditions réelles trouvent un équilibre entre l'encouragement de l'innovation et la garantie de la sécurité. Ils fournissent un cadre permettant aux systèmes d'IA d'être testés dans des contextes réels tout en garantissant que des garanties appropriées sont en place pour protéger les droits fondamentaux et atténuer les éventuels préjudices.

Bacs à sable réglementaires pour l'IA : Un espace sécurisé pour l'expérimentation

Imaginez que vous êtes un développeur d'IA avec une idée révolutionnaire pour un système d'IA qui pourrait transformer la santé, les transports ou l'éducation. Vous êtes enthousiaste quant aux bénéfices potentiels de votre système, mais vous êtes également conscient des risques potentiels. Vous voulez vous assurer que votre système est sûr, fiable et conforme aux exigences de l'Acte européen sur l'IA. Mais vous devez également tester votre système dans un contexte réel pour recueillir des données précieuses, affiner ses algorithmes et démontrer son efficacité.

C'est là que les bacs à sable réglementaires pour l'IA interviennent. Un bac à sable réglementaire pour l'IA est un environnement contrôlé où les développeurs d'IA peuvent tester leurs systèmes innovants sous la supervision des autorités réglementaires. Imaginez-le comme un espace sécurisé pour l'expérimentation, un endroit où les développeurs peuvent explorer de nouvelles idées, affiner leurs systèmes et démontrer leur conformité avec l'Acte sur l'IA, tout en minimisant les risques et en protégeant les droits fondamentaux.

L'Acte européen sur l'IA encourage les États membres à établir des bacs à sable réglementaires pour l'IA, reconnaissant leur valeur pour favoriser l'innovation et faciliter l'apprentissage réglementaire. L'Acte fournit un cadre pour ces bacs à sable, en détaillant leurs principales caractéristiques, objectifs et principes de fonctionnement.

Caractéristiques clés des bacs à sable réglementaires pour l'IA : Un environnement contrôlé pour les tests

Les bacs à sable réglementaires pour l'IA ont généralement plusieurs caractéristiques clés qui les distinguent des déploiements standard en conditions réelles :

- **Surveillance réglementaire :** Les bacs à sable fonctionnent sous la supervision d'une autorité compétente, généralement un organisme de régulation national ou régional responsable de la supervision de l'IA. Cette supervision garantit que les tests sont effectués en toute sécurité, de manière éthique et conforme aux exigences de l'Acte. L'autorité compétente fournit des conseils, surveille le processus de test et peut intervenir si nécessaire pour traiter les risques ou préoccupations.

- **Portée et durée définies :** Les bacs à sable ont une portée et une durée définies, se concentrant sur des systèmes ou applications d'IA spécifiques et fonctionnant pendant une période limitée. Cela permet des tests et des évaluations ciblés, garantissant que les ressources du bac à sable sont utilisées efficacement.

- **Environnement contrôlé :** Les bacs à sable fournissent un environnement contrôlé pour les tests, avec des garanties en place pour minimiser les risques et protéger les droits fondamentaux. Cela peut impliquer l'utilisation de données anonymisées ou synthétiques, la limitation de l'accès du système à des informations sensibles, la mise en œuvre de mécanismes de supervision humaine ou la restriction du déploiement du système à une zone géographique ou un groupe d'utilisateurs spécifique.

- **Données et retour d'expérience réels :** Les bacs à sable permettent aux développeurs de tester leurs systèmes d'IA avec des données réelles, fournissant des informations précieuses sur la performance du système, son utilité et son impact dans un contexte pratique. Ils offrent également des opportunités pour les développeurs de recueillir des retours d'expérience des utilisateurs, des régulateurs et d'autres parties prenantes, qui peuvent être utilisés pour affiner le système et garantir qu'il répond aux besoins de ses utilisateurs prévus.

- **Flexibilité juridique :** Les bacs à sable peuvent offrir une certaine flexibilité juridique, permettant aux développeurs d'expérimenter avec des systèmes d'IA qui ne répondent pas encore pleinement à toutes les exigences de l'Acte. Cette flexibilité encourage l'innovation, permettant aux développeurs d'explorer de nouvelles idées et d'affiner leurs systèmes avant de devoir démontrer une pleine conformité. Cependant, cette flexibilité n'est pas un laissez-passer ; elle est généralement soumise à certaines conditions et limitations, telles que la mise en œuvre de garanties appropriées pour atténuer les risques et l'engagement d'atteindre une pleine conformité dans un délai spécifié.

Objectifs des bacs à sable réglementaires pour l'IA : Promotion de l'innovation et apprentissage réglementaire

L'Acte européen sur l'IA détaille plusieurs objectifs clés pour les bacs à sable réglementaires pour l'IA :

- **Favoriser l'innovation :** Les bacs à sable sont conçus pour encourager l'innovation dans l'IA, en fournissant un environnement sûr et favorable pour que les développeurs testent de nouvelles idées, affinent leurs systèmes et mettent leurs innovations sur le marché plus rapidement. En abaissant les barrières à l'entrée, les bacs à sable peuvent être particulièrement bénéfiques pour les petites entreprises et les startups, leur permettant de rivaliser avec les grands acteurs et de contribuer à un écosystème de l'IA plus dynamique et diversifié.

- **Améliorer la certitude juridique :** Les bacs à sable peuvent aider à améliorer la certitude juridique pour les développeurs d'IA, en fournissant des clarifications sur les exigences de l'Acte et en permettant aux développeurs de tester la conformité de leurs systèmes dans un environnement contrôlé. Cela peut réduire l'incertitude et encourager l'investissement dans le développement de l'IA.

- **Faciliter l'apprentissage réglementaire :** Les bacs à sable fournissent des informations précieuses pour les régulateurs, leur permettant de comprendre comment l'IA est développée et déployée en pratique. Ce retour d'expérience réel aide les régulateurs à affiner leurs politiques, à identifier les risques ou défis potentiels qui pourraient nécessiter une régulation, et à créer un cadre réglementaire plus efficace et adaptable.

- **Soutenir le partage des meilleures pratiques :** Les bacs à sable peuvent servir de plateformes pour partager les meilleures pratiques parmi les développeurs d'IA, les régulateurs et autres parties prenantes. Cette collaboration peut aider à élever le niveau de l'IA digne de confiance, en promouvant l'adoption de principes éthiques, de normes techniques robustes et de pratiques de gestion des risques efficaces.

- **Accélérer l'accès au marché :** En permettant aux développeurs de tester et d'affiner leurs systèmes dans un contexte réel, les bacs à sable peuvent aider à accélérer l'accès au marché pour les innovations de l'IA. Cela bénéficie à la fois aux développeurs, qui peuvent mettre leurs produits sur le marché plus rapidement, et aux utilisateurs, qui peuvent bénéficier des applications innovantes de l'IA plus tôt.

Principes de fonctionnement des bacs à sable réglementaires pour l'IA : Une approche collaborative

L'Acte européen sur l'IA met l'accent sur plusieurs principes de fonctionnement clés pour les bacs à sable réglementaires pour l'IA :

- **Transparence :** Les processus de candidature et de participation à un bac à sable doivent être transparents et accessibles, permettant aux développeurs de comprendre facilement les exigences et de soumettre leurs candidatures. Les résultats des tests dans les bacs à sable doivent également être transparents, avec des garanties appropriées en place pour protéger les informations confidentielles.

- **Collaboration :** Les bacs à sable doivent favoriser la collaboration entre les développeurs d'IA, les régulateurs et autres parties prenantes. Cela peut impliquer de fournir des opportunités de tests et d'évaluation conjoints, de partager des données et des expertises, et de développer des normes et meilleures pratiques communes.

- **Proportionnalité :** Les exigences pour participer à un bac à sable doivent être proportionnées au niveau de risque posé par le système d'IA testé. Les systèmes avec un potentiel de préjudice plus élevé ou un impact plus important sur les droits fondamentaux seront généralement soumis à des exigences plus strictes et à une supervision plus intensive.

- **Flexibilité :** Les bacs à sable doivent être suffisamment flexibles pour s'adapter à la nature évolutive de la technologie de l'IA et aux divers besoins des développeurs d'IA. Cela peut impliquer de permettre différents types de tests, d'accommoder différents ensembles de données et scénarios de déploiement, et de fournir des conseils et un soutien adaptés aux participants.

- **Évaluation et révision :** Le fonctionnement des bacs à sable doit être régulièrement évalué et révisé pour en évaluer l'efficacité, identifier les domaines d'amélioration et garantir qu'ils atteignent leurs objectifs.

Tests en conditions réelles : Déployer les innovations de l'IA au-delà du bac à sable

Bien que les bacs à sable réglementaires pour l'IA fournissent un environnement précieux pour tester et affiner les systèmes d'IA sous des conditions contrôlées, ils ne sont pas toujours suffisants. Certains systèmes d'IA, en raison de leur nature ou de leur utilisation prévue, nécessitent des tests dans des contextes réels plus larges et moins contrôlés.

Par exemple, une voiture autonome pourrait devoir être testée sur des routes publiques pour évaluer sa performance dans des conditions de trafic réelles. Ou un système de diagnostic médical pourrait devoir être testé dans un environnement hospitalier pour évaluer son exactitude et sa fiabilité avec de vrais patients.

L'Acte européen sur l'IA reconnaît la nécessité de tests en conditions réelles, mais il souligne également l'importance des garanties pour protéger les droits fondamentaux et atténuer les éventuels préjudices. L'Acte établit un cadre pour les tests en conditions réelles des systèmes d'IA à haut risque, en détaillant les exigences et conditions que les fournisseurs et déployeurs doivent respecter pour effectuer ces tests de manière responsable et éthique.

Exigences clés pour les tests en conditions réelles : Garantir la sécurité et protéger les droits

L'Acte européen sur l'IA détaille plusieurs exigences clés pour les tests en conditions réelles des systèmes d'IA à haut risque :

- **Consentement éclairé :** Les individus soumis à l'utilisation du système d'IA pendant les tests en conditions réelles doivent donner leur consentement éclairé. Cela signifie qu'ils doivent recevoir des informations claires et compréhensibles sur l'objectif du système, sa fonctionnalité, les types de données qu'il traite, les risques potentiels impliqués et leurs droits par rapport au système. Ils doivent également être libres de retirer leur consentement à tout moment sans aucune conséquence négative.

- **Plan de test en conditions réelles :** Les fournisseurs et déployeurs doivent développer un plan complet de test en conditions réelles qui détaille les objectifs, la méthodologie, la portée, la durée, les procédures de surveillance et les garanties pour les tests. Ce plan doit être soumis à l'autorité nationale compétente pour examen et approbation avant que les tests puissent commencer.

- **Enregistrement :** Les tests en conditions réelles des systèmes d'IA à haut risque doivent être enregistrés dans la base de données de l'UE pour les systèmes d'IA à haut risque. Cet enregistrement fournit de la transparence et permet aux régulateurs de surveiller les activités de test.

- **Durée limitée :** Les tests en conditions réelles doivent être effectués pendant une durée limitée, généralement pas plus de six mois, sauf si une extension est accordée par l'autorité nationale. Cela aide à garantir que les tests sont ciblés et que tout risque potentiel est minimisé.

- **Garanties appropriées :** Les fournisseurs et déployeurs doivent mettre en œuvre des garanties appropriées pour protéger les droits fondamentaux et atténuer les éventuels préjudices pendant les tests en conditions réelles. Ces garanties peuvent inclure :

  - **Anonymisation des données :** Utiliser des données anonymisées ou synthétiques chaque fois que possible pour protéger la vie privée des individus.

  - **Supervision humaine :** Mettre en œuvre des mécanismes robustes de supervision humaine pour surveiller le fonctionnement du système, intervenir si nécessaire et prévenir les conséquences imprévues.

  - **Déploiement restreint :** Limiter le déploiement du système à une zone géographique, un groupe d'utilisateurs ou une application spécifique pour minimiser le potentiel de préjudice généralisé.

- **Surveillance et rapport :** Les fournisseurs et déployeurs doivent surveiller en continu le système d'IA pendant les tests en conditions réelles, collecter des données sur sa performance, identifier les problèmes potentiels et signaler tout incident sérieux aux autorités compétentes.

- **Mécanismes de réversibilité et d'ignorance :** Le système d'IA doit être conçu avec des mécanismes qui permettent de révoquer ou d'ignorer ses prédictions, recommandations ou décisions si nécessaire. Cela aide à atténuer le potentiel de préjudice dans les cas où le système fait des erreurs ou produit des conséquences imprévues.

Tests en conditions réelles : Une entreprise collaborative

Les tests en conditions réelles impliquent souvent une collaboration entre les développeurs d'IA, les déployeurs et d'autres parties prenantes, telles que :

- **Fournisseurs de données :** Les développeurs peuvent devoir s'associer avec des fournisseurs de données pour accéder à des ensembles de données réelles pour les tests. Ces partenariats doivent être basés sur des accords clairs qui détaillent les principes de gouvernance des données, les droits d'accès aux données et les protections de la vie privée.

- **Utilisateurs et groupes d'utilisateurs :** Les développeurs peuvent devoir impliquer des utilisateurs ou des groupes d'utilisateurs dans le processus de test, en recueillant des retours d'expérience, en identifiant les problèmes potentiels d'utilisation et en garantissant que le système répond aux besoins de ses utilisateurs prévus. Cette implication des utilisateurs est cruciale pour garantir que le système est conçu et déployé de manière centrée sur l'utilisateur.

- **Experts et conseillers :** Les développeurs peuvent consulter des experts et des conseillers dans des domaines pertinents, tels que la protection des données, les droits de l'homme ou l'éthique, pour obtenir des informations sur les risques potentiels associés aux tests en conditions réelles et développer des garanties appropriées.

Cette approche collaborative aide à garantir que les tests en conditions réelles sont effectués de manière responsable, éthique et bénéfique pour toutes les parties prenantes.

Bacs à sable réglementaires pour l'IA et tests en conditions réelles : Voies complémentaires vers une IA digne de confiance

Les bacs à sable réglementaires pour l'IA et les tests en conditions réelles sont des mécanismes complémentaires qui travaillent ensemble pour favoriser l'innovation, promouvoir l'apprentissage réglementaire et construire la confiance dans l'IA.

Les bacs à sable fournissent un espace sécurisé pour l'expérimentation, permettant aux développeurs de tester leurs innovations sous des conditions contrôlées, de recueillir des données précieuses, d'affiner leurs systèmes et de démontrer leur conformité avec les exigences de l'Acte sur l'IA. Les tests en conditions réelles, d'autre part, permettent aux développeurs de tester leurs innovations au-delà du bac à sable, dans des contextes plus larges et moins contrôlés pour évaluer leur performance et leur impact dans des contextes réels.

En fournissant ces voies complémentaires, l'Acte européen sur l'IA crée un cadre flexible et adaptable qui encourage l'innovation tout en garantissant la sécurité et en respectant les droits fondamentaux. C'est un cadre qui reconnaît que l'IA est une technologie puissante avec le potentiel de transformer notre monde pour le mieux, mais aussi une technologie qui nécessite une attention prudente à ses risques potentiels et implications éthiques. Ces mécanismes, en permettant aux systèmes d'IA d'être testés et affinés dans des contextes réels, peuvent aider à combler le fossé entre la théorie et la pratique, en garantissant que les innovations de l'IA ne sont pas seulement techniquement réalisables mais aussi socialement responsables et bénéfiques pour la société.

CHAPITRE VINGT-CINQ : Gouvernance et Mise en Œuvre : Mettre en Œuvre Efficacement la Loi sur l'IA

Nous avons minutieusement disséqué la loi européenne sur l'IA, explorant ses principes fondamentaux, ses exigences complexes et les rôles des différents acteurs dans la création d'un écosystème d'IA digne de confiance. Nous avons examiné l'approche de la loi basée sur les risques, son accent sur la qualité des données, la transparence, la supervision humaine et les normes techniques robustes. Nous avons également approfondi les dispositions spécifiques pour les systèmes d'IA à haut risque, les obligations des fournisseurs et des déployeurs, le rôle des organismes notifiés dans l'évaluation de la conformité et les mécanismes facilitant la libre circulation au sein du marché intérieur de l'UE.

Mais une question cruciale subsiste : comment garantir que ce cadre complexe, ce plan soigneusement élaboré pour une IA digne de confiance, est effectivement mis en œuvre et appliqué ? Comment traduire ces mots sur papier en actions concrètes, en garantissant que les systèmes d'IA sont réellement développés et déployés de manière responsable, que les droits fondamentaux sont protégés et que les risques potentiels sont atténués ?

Ce chapitre explore les mécanismes de gouvernance et de mise en œuvre de la loi européenne sur l'IA, en examinant les structures, les processus et les pouvoirs mis en place pour réaliser la vision de la loi. Il s'agit de traduire les principes en pratique, en s'assurant que les objectifs de la loi ne sont pas seulement des aspirations mais sont activement poursuivis et atteints.

Une Structure de Gouvernance à Plusieurs Niveaux : De Bruxelles aux Capitales Nationales

La loi européenne sur l'IA établit une structure de gouvernance à plusieurs niveaux, avec des responsabilités partagées entre l'Union européenne et ses États membres. Cette approche distribuée reconnaît que la réglementation de l'IA nécessite à la fois un cadre coordonné au niveau de l'UE et la flexibilité pour les États membres d'adapter les règles à leurs contextes nationaux spécifiques.

Pensez à cela comme un orchestre bien coordonné, avec l'UE fournissant la partition générale et le chef d'orchestre, tandis que les États membres sont les musiciens individuels, chacun jouant leur rôle pour créer une symphonie harmonieuse. L'UE définit les principes et exigences généraux, tandis que les États membres sont responsables de la mise en œuvre et de l'application de ces règles sur leurs territoires.

Cette structure de gouvernance à plusieurs niveaux implique plusieurs acteurs clés :

Au Niveau de l'UE : Définir la Direction Stratégique

- **La Commission Européenne :** La Commission européenne, branche exécutive de l'UE, joue un rôle central dans la supervision de la mise en œuvre de la loi sur l'IA. Ses responsabilités incluent :

  - **Développer des règlements d'application :** La Commission élaborera des règlements d'application détaillés qui fourniront des orientations supplémentaires sur les exigences de la loi, clarifiant des aspects spécifiques des règles et procédures.

  - **Émettre des demandes de normalisation :** La Commission émettra des demandes de normalisation aux organisations européennes de normalisation, encourageant le développement de normes harmonisées qui fournissent des spécifications techniques concrètes pour une IA digne de confiance.

- ○ **Établir des spécifications communes :** Dans les cas où les normes harmonisées n'existent pas ou sont insuffisantes, la Commission peut établir des spécifications communes pour combler les lacunes, fournissant des moyens alternatifs de démontrer la conformité.

- ○ **Surveiller et évaluer la mise en œuvre de la loi :** La Commission surveillera et évaluera la mise en œuvre de la loi, évaluant son efficacité et identifiant les domaines nécessitant des améliorations. Elle rendra également compte au Parlement européen et au Conseil de l'impact de la loi.

- ○ **Représenter l'UE dans les forums internationaux :** La Commission représentera l'UE dans les discussions internationales sur la réglementation de l'IA, promouvant l'approche de l'UE et cherchant à établir des normes et des bonnes pratiques communes au niveau mondial.

- **Le Conseil Européen de l'Intelligence Artificielle (le Conseil) :** Le Conseil, composé de représentants de chaque État membre, fournit des conseils d'experts et une assistance à la Commission et aux États membres pour la mise en œuvre de la loi sur l'IA. Ses responsabilités incluent :

  - ○ **Émettre des avis et recommandations :** Le Conseil émettra des avis et recommandations sur divers aspects de la mise en œuvre de la loi, tels que le développement des règlements d'application, l'émission des demandes de normalisation, l'établissement des spécifications communes et l'interprétation des dispositions de la loi.

  - ○ **Faciliter la coordination entre les États membres** : Le Conseil agira comme une plateforme de coordination entre les États membres, promouvant l'échange de bonnes pratiques et traitant les problèmes de conformité transfrontalière.

- o **Fournir une expertise technique et réglementaire :** Le Conseil fournira une expertise technique et réglementaire à la Commission et aux États membres, les aidant à comprendre les complexités de la technologie de l'IA et à développer des solutions réglementaires efficaces.

- **Le Bureau de l'IA :** Le Bureau de l'IA, nouvel organe créé par la loi, jouera un rôle central dans la gouvernance et la supervision de l'IA au sein de l'UE. Ses responsabilités incluent :

  - o **Surveiller le paysage de l'IA :** Le Bureau de l'IA surveillera l'évolution du paysage de l'IA, identifiant les tendances émergentes et évaluant les risques potentiels. Cela implique de suivre les dernières recherches et développements en IA, d'analyser les données sur le déploiement et l'utilisation de l'IA et de collaborer avec des experts dans divers domaines.

  - o **Développer des orientations et des bonnes pratiques :** Le Bureau de l'IA développera des documents d'orientation et des bonnes pratiques pour les fournisseurs, les déployeurs et autres parties prenantes, les aidant à comprendre les exigences de la loi et à mettre en œuvre une IA digne de confiance. Ces orientations pourraient inclure des explications détaillées des dispositions de la loi, des études de cas et des exemples de bonnes pratiques.

  - o **Enquêter sur les non-conformités potentielles :** Le Bureau de l'IA a l'autorité d'enquêter sur les non-conformités potentielles avec la loi sur l'IA, y compris celles liées aux modèles d'IA à usage général et aux risques systémiques. Cela pourrait impliquer de demander des informations aux fournisseurs, de réaliser des audits ou d'initier des actions d'application.

- o **Faciliter la coopération et la coordination :** Le Bureau de l'IA facilitera la coopération et la coordination entre les autorités nationales responsables de la surveillance du marché, ainsi qu'avec d'autres parties prenantes, telles que les organisations de normalisation, les institutions de recherche et les groupes de défense. Cela pourrait impliquer l'organisation d'ateliers et de conférences, la création de plateformes en ligne pour le partage d'informations ou l'établissement de mécanismes de coopération formels.

- **Le Panel Scientifique d'Experts Indépendants (le Panel Scientifique) :** Le Panel Scientifique, composé d'experts indépendants ayant une expertise dans divers aspects de l'IA, fournit des conseils scientifiques et techniques au Bureau de l'IA, au Conseil et aux États membres. Ses responsabilités incluent :

  - o **Alerter le Bureau de l'IA des risques systémiques potentiels :** Le Panel Scientifique peut émettre des alertes qualifiées au Bureau de l'IA s'il estime qu'un modèle d'IA à usage général présente des risques concrets identifiables au niveau de l'UE ou s'il répond aux critères de classification comme modèle à fort impact.

  - o **Soutenir les activités de surveillance du marché :** Le Panel Scientifique peut assister les autorités nationales responsables de la surveillance du marché dans leurs enquêtes et actions d'application, fournissant une expertise technique et des conseils.

○ **Contribuer au développement d'orientations et de bonnes pratiques :** Le Panel Scientifique contribuera au développement de documents d'orientation et de bonnes pratiques, fournissant des contributions d'experts sur les aspects techniques et scientifiques de la réglementation de l'IA.

Au Niveau National : Mettre en Œuvre et Appliquer les Règles

- **Autorités Compétentes Nationales (ACN) :** Chaque État membre est tenu de désigner au moins une autorité compétente nationale (ACN) pour superviser la mise en œuvre et l'application de la loi sur l'IA sur son territoire. Ces ACN incluent généralement :

    ○ **Autorités de notification :** Ces autorités sont responsables de l'évaluation, de la désignation et de la notification des organismes d'évaluation de la conformité qualifiés pour évaluer les systèmes d'IA à haut risque. Elles supervisent également les activités de ces organismes notifiés, s'assurant qu'ils répondent aux exigences de la loi en matière d'indépendance, de compétence et de ressources.

    ○ **Autorités de surveillance du marché :** Ces autorités sont responsables de la surveillance du marché de l'IA, de l'enquête sur les non-conformités potentielles avec la loi sur l'IA et de la prise d'actions d'application contre les fournisseurs et les déployeurs qui violent les règles. Leurs pouvoirs incluent la demande d'informations, la réalisation d'inspections, l'émission d'avertissements, l'imposition d'amendes et même l'interdiction des systèmes d'IA non conformes du marché.

- **Bacs à Sable Réglementaires Nationaux pour l'IA :** Les États membres sont encouragés à établir des bacs à sable réglementaires nationaux pour l'IA, fournissant un environnement contrôlé pour les développeurs d'IA pour tester leurs innovations sous la supervision des autorités réglementaires.

- **Autres Autorités Pertinentes :** La mise en œuvre et l'application de la loi sur l'IA peuvent également impliquer d'autres autorités nationales, telles que les autorités de protection des données, les agences de protection des consommateurs, les autorités de la concurrence ou les régulateurs sectoriels spécifiques. Par exemple, un système d'IA à haut risque utilisé dans le domaine de la santé pourrait être soumis à la surveillance à la fois de l'ACN responsable de l'IA et de l'autorité nationale responsable de la réglementation des dispositifs médicaux.

Coordination et Coopération : Assurer une Approche Harmonisée

La mise en œuvre et l'application efficaces de la loi européenne sur l'IA nécessitent une coordination et une coopération étroites entre les différents acteurs impliqués, tant au niveau de l'UE qu'au niveau national. Cette collaboration est cruciale pour :

- **Partager des informations et des expertises :** Le partage d'informations sur les risques émergents, les bonnes pratiques et les approches réglementaires aide à garantir que tous les acteurs travaillent à partir de la même base de connaissances et qu'ils peuvent apprendre des expériences des autres.

- **Coordonner les actions d'application :** La coopération entre les autorités nationales aide à garantir que les actions d'application sont cohérentes entre les États membres, empêchant le forum shopping et garantissant un terrain de jeu équitable pour les développeurs d'IA. Elle permet également des réponses plus efficaces aux problèmes de conformité transfrontalière.

- **Traiter les risques systémiques :** La coordination est particulièrement importante pour traiter les risques systémiques, qui peuvent affecter plusieurs États membres et nécessiter une réponse coordonnée. Le Bureau de l'IA joue un rôle crucial dans la facilitation de cette coordination, réunissant les autorités nationales et d'autres parties prenantes pour développer des stratégies communes visant à atténuer les risques systémiques.

La loi sur l'IA établit divers mécanismes pour faciliter la coordination et la coopération :

- **Le Conseil Européen de l'Intelligence Artificielle (le Conseil) :** Le Conseil, avec sa représentation de tous les États membres, fournit une plateforme de coordination entre les autorités nationales et pour l'échange de bonnes pratiques.

- **Le Bureau de l'IA :** Le Bureau de l'IA agit comme un organe central de coordination, facilitant le partage d'informations, promouvant la collaboration et développant des orientations et des bonnes pratiques. Il a également l'autorité d'initier des enquêtes conjointes impliquant plusieurs États membres.

- **Sous-groupes permanents :** Le Conseil établira des sous-groupes permanents composés de représentants des autorités nationales de notification et des autorités de surveillance du marché. Ces sous-groupes fourniront un forum de coopération sur des aspects spécifiques de la mise en œuvre de la loi, tels que l'évaluation de la conformité et la surveillance du marché.

- **Enquêtes conjointes :** La loi sur l'IA permet des enquêtes conjointes impliquant plusieurs États membres lorsqu'un système d'IA à haut risque est suspecté de présenter un risque sérieux sur plusieurs territoires. Cette approche coordonnée permet une enquête et une application plus efficaces, en particulier dans les cas où le système d'IA est complexe ou où son impact s'étend au-delà des frontières nationales.

Mesures d'Application : Assurer la Conformité et Dissuader les Violations

La loi européenne sur l'IA fournit aux autorités nationales une gamme de mesures d'application pour garantir la conformité avec les exigences de la loi et dissuader les violations. Ces mesures peuvent être adaptées à la gravité de la violation et aux circonstances spécifiques de l'affaire.

Quelques mesures d'application clés incluent :

- **Demandes d'informations :** Les autorités peuvent demander des informations aux fournisseurs et aux déployeurs pour vérifier la conformité, enquêter sur des violations potentielles ou recueillir des preuves. Ces informations peuvent inclure la documentation technique, les ensembles de données, les enregistrements du fonctionnement du système, les évaluations des risques ou les rapports d'évaluation de la conformité.

- **Inspections et audits :** Les autorités peuvent réaliser des inspections ou des audits des installations ou des processus des fournisseurs et des déployeurs pour vérifier la conformité, enquêter sur des violations potentielles ou recueillir des preuves.

- **Avertissements :** Les autorités peuvent émettre des avertissements aux fournisseurs et aux déployeurs trouvés en violation des exigences de la loi. Les avertissements servent généralement de première étape dans le processus d'application, donnant au fournisseur ou au déployeur l'opportunité d'aborder le problème et de mettre leurs systèmes en conformité.

- **Actions correctives :** Les autorités peuvent exiger des fournisseurs et des déployeurs de prendre des actions correctives pour aborder les non-conformités. Ces actions peuvent impliquer la mise à jour du logiciel du système, la fourniture de formation supplémentaire aux opérateurs, la révision de la documentation ou la mise en œuvre de garanties supplémentaires.

- **Amendes :** Les autorités peuvent imposer des amendes aux fournisseurs et aux déployeurs qui violent les exigences de la loi. Le montant de l'amende dépendra de la gravité de la violation et de la situation financière du fournisseur ou du déployeur. La loi fixe des amendes maximales pour certaines violations, mais elle permet aux États membres de fixer leurs propres niveaux d'amendes, à condition qu'ils soient efficaces, proportionnés et dissuasifs.

- **Interdictions :** Les autorités peuvent interdire les systèmes d'IA non conformes du marché de l'UE, en interdisant leur vente ou leur déploiement. Cela est généralement un dernier recours, réservé aux systèmes qui présentent un risque sérieux pour la sécurité ou les droits fondamentaux.

Le Rôle des Lanceurs d'Alerte : Révéler les Violations

La loi européenne sur l'IA reconnaît le rôle important que les lanceurs d'alerte peuvent jouer dans l'exposition des violations et en garantissant que les exigences de la loi sont effectivement appliquées. Les lanceurs d'alerte sont des individus qui signalent des comportements répréhensibles au sein d'une organisation, souvent à un risque personnel. Ils peuvent fournir des informations précieuses sur des violations potentielles qui pourraient ne pas être détectées par d'autres moyens.

La loi fournit une protection pour les lanceurs d'alerte qui signalent des violations des exigences de la loi. Cette protection inclut :

- **Confidentialité :** Les identités des lanceurs d'alerte sont gardées confidentielles, les protégeant contre les représailles ou la discrimination.

- **Protection juridique :** Les lanceurs d'alerte sont protégés contre les actions légales, telles que les poursuites en diffamation, s'ils signalent des violations de bonne foi.

- **Soutien et orientation :** Les États membres sont tenus d'établir des mécanismes pour fournir un soutien et une orientation aux lanceurs d'alerte, les aidant à comprendre leurs droits et à signaler les violations en toute sécurité et efficacité.

**Traitement des Violations Transfrontalières : Une Réponse Coord

www.ingramcontent.com/pod-product-compliance
Lightning Source LLC
LaVergne TN
LVHW051320050326
832903LV00031B/3266